기독교문서선교회 (Christian Literature Center: 약칭 CLC)는 1941년 영국 콜체스터에서 켄 아담스에 의해 시작되었으며 국제 본부는 미국 필라델피아에 있습니다. 국제 CLC는 59개 나라에서 180개의 본부를 두고, 약 650여 명의 선교사들이 이동도서차량 40대를 이용하여 문서 보급에 힘쓰고 있으며 이메일 주문을 통해 130여 국으로 책을 공급하고 있습니다. 한국 CLC는 청교도적 복음주의 신학과 신앙서적을 출판하는 문서선교기관으로서, 한 영혼이라도 구원되길 소망하면서 주님이 오시는 그날까지 최선을 다할 것입니다.

추천의 글

차 성 목 목사

분당 하늘마음교회 담임

 진실로 구원받은 사람에게는 구원에 합당한 결과로서 거룩한 성품이 드러나기 마련입니다. 그런 점에서 이 책은 한번 받은 구원을 마치 보험처럼 여기고 방종하는 사람들에게 경종을 울려 줄 것입니다. 또한, 우리가 구원받았다고 태만하게 살지 않고 하나님 앞에서 하루하루 구원받은 자로서 합당하게 살아가도록 일깨워 주는 선지서와 같은 책입니다.

 저에게도 하나님이 주시는 거룩한 긴장감이 생깁니다. 책 내용이 너무 좋아서 읽고 또 읽었습니다. 이 책을 통해 저를 포함해 많은 그리스도인이 깨어나고 자신의 구원을 점검하며 구원에 합당한 삶의 자리로 나아가길 기도합니다.

실질적인 저자이신 성령 하나님께
이 책을 올려 드립니다.

믿음과 구원의 황금 매뉴얼

하늘 사다리

Ladder From Heaven
Written by SimBok Kim
All rights reserved.
Korean Edition Copyright ⓒ 2022 by Christian Literature Center, Seoul, Korea

하늘 사다리
믿음과 구원의 황금 매뉴얼

2022년 10월 31일 초판 발행

지 은 이	|	김심복
편 집	|	도전욱
디 자 인	|	박성숙
펴 낸 곳	|	(사)기독교문서선교회
등 록	|	제16-25호(1980.1.18.)
주 소	|	서울특별시 동대문구 천호대로71길 39
전 화	|	02-586-8761~3(본사) 031-942-8761(영업부)
팩 스	|	02-523-0131(본사) 031-942-8763(영업부)
이 메 일	|	clckor@gmail.com
홈페이지	|	www.clcbook.com
송금계좌	|	기업은행 073-000308-04-020 (사)기독교문서선교회
일련번호	|	2022-106

ISBN 978-89-341-2491-7(03230)

이 책의 출판권은 (사)기독교문서선교회가 소유합니다.
신저작권법에 의하여 한국 내에서 보호를 받는 저작물이므로 무단 전재와 무단 복제를 금합니다.

믿음과 구원의 황금 매뉴얼

Ladder From Heaven

하늘 사다리

김심복 지음

CLC

목차

추천의 글
    차성목 목사(분당 하늘마음교회 담임)   1

프롤로그   8

제1부 하나님의 구속경륜   13

제1장 믿음과 구원, 제대로 알자   14
1. 성경이 말하는 믿음이란   16
2. '믿는다'라는 단어의 의미   18
3. 성경이 말하는 구원이란   19

제2장 하나님의 성품과 구속 경륜   22
1. 하나님의 성품   22
2. 십자가에 나타난 하나님의 사랑과 공의   24
3. 성경에 나타난 하나님의 구원 사역   30

제3장 구원에 대한 서신서들의 증거   44
1. 로마서의 증거   45
2. 히브리서의 증거   46
3. 고린도 전서의 증거   49

제4장 전통적 해석의 오류   54
1. 로마서 8장의 구원의 안전 보장 의미   55
2. 사도 요한이 말한 심판의 의미   62

Ladder From Heaven

제5장 하나님 나라와 구원의 확장   69
    1. 천국은 침노하는 자의 것   69
    2. 마음이 굳어지지 않게 하라   78

제2부 복음 그리고 나   88

제1장 우주와 생명의 기원   89
    1. 천지창조   92
    2. 사탄의 계략   94

제2장 나는 누구인가   101
    1. 나는 어디서 와서 어디로 가는가   102
    2. 하나님은 나를 아실까?   105
    3. 사람은 무엇을 위해 사는가?   111

제3장 낙원의 상실과 회복   116
    1. 실락원   117
    2. 하나님의 지극한 은혜   120
    3. 낙원의 회복   122

제4장 창조의 완성   128
    1. 계보를 통한 뿌리 찾기   129
    2. 궁극적인 하나님의 뜻   136

에필로그   143

감사의 글   148

프롤로그

당신은 구원받았습니까?

그 근거는 무엇입니까?

이 도전에 대해 확실한 대답을 갖고 싶은 것은 우리 모든 그리스도인의 바람일 것입니다.

그런데 이렇게 중요한 문제에 대해 우리는 분명하고도 확고한 매뉴얼을 갖고 있지 않습니다. 같은 성경 말씀을 믿는데도 불구하고 구원관이 교회마다 다르고 같은 교회에서조차 성도 개개인이 상반된 생각을 가지고 있습니다. 거의 대다수 그리스도인이 명확한 구원관을 갖지 못해 매우 혼란스러워합니다. 이것은 비단 우리나라뿐 아니라 세계적인 현상일 것입니다.

안식년을 맞아 선교지에서 돌아왔을 때, "한번 구원은 영원 구원인가"라는 주제가 온라인상에 눈에 띄게 큰 이슈가 되고 있는 것을 보았습니다. 관심 있는 분야라서 명성 있는 양쪽 설교자들의 주장을 들어 보았습니다. 그 각각의 주장은 이들이 제시하는 본문에 비추어 타당해 보였습니다.

그런데 참 이상한 일이지요?

양측 모두 오직 성경 말씀을 가지고 주장하는데 왜 이렇게 상반된 결론에 이르게 된 것일까요?

서로 그렇게 팽팽하게 맞설 수밖에 없는 것은, 이들 각각이 자신이 신봉하고 있는 교리를 지지할 만한 특정 본문이나 몇몇 구절만 가지고 서로 자기가 옳다고 말하기 때문입니다. 성경의 다른 쪽에서 어떻게 말하든 상관하지 않고 그 부분만 가지고 자신이 지지하는 교리를 따라 본문을 해석하니, 진리를 말하는 입장에서도 상대방에게 설득력이 없는 것입니다.

성경의 진리를 왜곡하지 않으려면 어떤 주제에 대해 먼저 성경 전체를 관통하고 있는 일관된 흐름을 파악하고, 그것과 같은 맥락에서 특정 본문을 해석해 내는 작업이 필요합니다. 그래야 그 해석이 중심 진리에서 빗나가지 않기 때문입니다.

그러므로 여기서는 믿음과 구원에 대한 문제를 다룸에 있어, 성경을 해석할 때 일반적으로 사용하는 본문 분석적 연구와 또 다른 하나로 성경의 모든 책을 아우르는 통전적 연구라는 두 가지 방법을 병용합니다. 그리하여 논란이 되는 구절들을 재해석해 보고, 성경이 말하는 구원의 진리를 밝히 나타내 보일 것입니다.

본서는 제1부 '하나님의 구속 경륜'과 제2부 '복음 그리고 나'라는 제목의 두 부분으로 구성되었습니다.

제1부는 다음과 같이 다섯 부분으로 나뉘어 있습니다.

제1장에서는 믿음과 구원에 대한 개념을 성경적으로 정리합니다. 우리에게 가장 중요한 믿음과 구원에 대한 개념의 이해조차 교회나 교단마다 차이가 있기 때문에, 본 논지에 들어가기 전 믿음과 구원에 대한 개념을 먼저 확고히 합니다.

제2장에서는 앞 장에서 정의된 믿음과 구원이 신구약 성경의 역사 속에서 실제로 어떻게 적용되어 왔는지, 또 거기에 하나님의 성품은 어떻게 관여하여 왔는지를 살펴봅니다. 이를 위해 '통전적 성경 연구' 방법을 사용하여 신구약 성경을 관통하는 자기 백성을 향한 하나님의 구원과 심판의 메시지를 이해하기 쉽게 정리합니다.

제3장에서는 서신서들이 말하고 있는 성도를 향한 하나님의 구원과 심판의 메시지를 정리해 봄으로써, 성경의 각 시대마다 공통적으로 적용되고 있는 믿음과 구원관이 어떤 것인지를 누구도 부인할 수 없도록 명확히 제시할 것입니다. 궁극적으로 통전적 해석과 본문 분석적 해석의 상호 공조를 통해 구원에 대한 이해를 바로잡는 것을 목적으로 합니다.

제4장에서는 앞에서 제시한 연구 방법을 통해 그동안 전통적으로 잘못 해석되어 온 성경의 몇몇 구절을 바로잡아 볼 것입니다. 여기서 다루고 싶은 포인트는 본문 분석적 방법 자체가 문제라는 것이 아니라 그것의 한계를 인식해 보자는 것입니다.

제5장에서는 하나님 나라와 구원의 확장이라는 제목으로 구원을 이루어 가는 과정과 하나님 나라의 관계에 대해 다룹니다.

그리고 **제2부**에서는 창세기 1-3장의 말씀을 바탕으로 하여 "복음과 나"라는 제목으로 기술됩니다. 제2부는 다음과 같이 네 부분으로 구성됩니다.

제1장에서는 우주와 생명의 기원에 대해 기술합니다.

제2장에서는 하나님과 이 우주 만물 가운데서 나는 누구이며 어떤 존재 가치가 있는가에 대해 기술합니다.

제3장에서는 낙원을 상실한 우리는 어떻게 그것을 다시 회복할 것인가에 대해 기술합니다.

제4장에서는 창조의 완성이라는 제목으로 말씀을 통해 우리 자신의 진정한 정체성을 발견하고 앞으로 우리가 어떻게 살아야 할 것인가에 초점을 맞추어 기술합니다.

지금은 화해와 통합을 외치는 시대입니다.

우리 그리스도인에게 있어 화해와 통합을 위한 그 진정한 첫걸음은 서로가 자신의 선입견이나 고집을 내려놓고 상대방의 견해에 대해 마음을 열고 듣는 것이라고 생각합니다.

이 글을 통해 교리적인 논쟁을 부추기거나 어떤 새로운 지식을 말하려는 것이 아니라, 그리스도 몸 된 교회의 진정한 화해와 통합은 부실하거나 거짓된 기초가 아닌 확고한 진리의 토대 위에 세워져야 하기에 그것을 위해 용기를 냈습니다.

제1부
하나님의 구속경륜

제1장 믿음과 구원, 제대로 알자
제2장 하나님의 성품과 구속 경륜
제3장 구원에 대한 서신서들의 증거
제4장 전통적 해석의 오류

제 1 장

믿음과 구원, 제대로 알자

하나님은 사랑이십니다. 그분의 은혜와 사랑은 측량할 수 없이 높고 깊고 넓습니다. 우리를 구원하기 위해 자기의 독생자 아들을 아낌없이 내어 주셨습니다.

그리스도는 하나님의 선물입니다. 우리가 구원받기 위해 해야 할 것은 오직 한 가지, 믿음으로 그 선물을 받는 것입니다. 다른 길은 없습니다.

하나님께서는 모든 사람이 구원을 받으며 진리를 아는 데 이르기를 원하십니다(딤전 2:4). 구원은 택한 몇몇 사람을 위한 것이 아니라 하나님의 형상을 따라 지음 받은 모든 사람을 위한 것입니다. 하나님께서는 아담이 범죄 하기 전, 태초에 이미 그것을 예정(계획)하셨습니다(엡 3:9-11).

다만 한 가지 중요한 것은, 운동선수들이 경기를 할 때에 법대로 해야 인정받을 수 있듯이, 우리도 하나님의 뜻대로 믿음의 경주를 할 때 생명의 면류관(구원의 완성)을 얻을 수 있다는 것입니다(딤후 2:5).

사실 오늘날 우리 그리스도인에게 있어서 가장 심각한 문제는 믿음과 구원에 대한 개념이 성경적으로 명확히 정립되어 있지 않다는 것입니다.

그래서 어떤 이들은 입술로는 주를 시인하지만, 행위로는 주를 부인하면서도 자기의 구원을 확신합니다.

성경에서 "주 예수를 믿으라 그리하면 너와 네 집이 구원을 받으리라"(행 16:31)고 말하고 있기 때문에 자기는 구원받았다고 생각합니다.

또 어떤 이들은 진실하게 예수를 믿고 마음에 구주를 영접하여 이미 예수 생명을 받았음에도 불구하고, 불안해하며 구원받기 위해서 무엇인가를 열심히 해야 한다는 강박관념을 갖고 있습니다.

왜 이런 일이 발생할까요?

믿음과 구원에 대한 명확한 이해가 없기 때문입니다. 그 부분을 자세히 알아보겠습니다.

1. 성경이 말하는 믿음이란

우리는 믿음으로 구원받습니다.
그런데 믿음이 무엇입니까?
성경은 믿음을 이렇게 정의합니다.

> 믿음은 바라는 것들의 실상이요 보이지 않는 것들의 증거니 (히 11:1).

왜냐하면, 믿음은 그 속성이 장래에 속한 것, 즉 소망하는 것을 지금 믿음으로 취하기 때문입니다.

예를 들어볼까요?

어느 아빠가 공부하기 싫어하는 어린 딸을 격려하기 위해 이렇게 말합니다.

"딸아, 이번 기말고사 때 반에서 10등 안에 들면 멋진 자전거를 사줄게."

딸은 10등 안에 들면 아빠가 멋진 자전거를 사주실 것이라는 믿음을 가지고, 나가서 놀고 싶은 마음을 참으며 열심히 공부하겠지요?

그런데 자전거를 선물로 받은 후에는 어떻습니까?

그 딸에게 이제 더 이상 자전거는 믿음의 대상(소망)이 아닙니다. 이처럼 믿음은 장래에 속한 것을 소망한다는 뜻이 깃들어 있습니다. 그래서 바울은 우리가 소망으로 구원을 얻었으니 구원을 완전히 이룰 때까지 참음으로 기다려야 한다(롬 8:24-25)고 말합니다.

그래서 믿음은 반드시 인내를 동반합니다. 인내가 없으면 믿음의 시련들을 결코 통과할 수가 없습니다. 믿음의 대상인 소망이 이루어지기까지 기다려야 하기 때문입니다.

아브라함은 약속을 받은 후, 25년을 기다린 뒤에 그 소망을 이루었습니다. 요셉은 꿈을 통해 약속을 받은 후, 형들이 자기 앞에 무릎 꿇기까지 약 20여 년을, 모세는 광야에서 40년을, 다윗도 왕으로 기름 부음 받은 후 거의 20년을 참고 기다려야 했습니다.

우리에게는 주님과의 관계 속에서 각자에게 주어진 약속도 있지만, 공통적으로는 그리스도(구원)를 약속으로 받았습니다. 우리는 믿음으로 주님과 함께 동행합니다. 그런데 완전한 약속의 성취는 그리스도를 얼굴과 얼굴로 대면하는 그 감격의 순간에 이루어집니다. 그때까지는 참고 인내하며 기다리는 것입니다.

2. '믿는다' 라는 단어의 의미

이번에는 '믿는다'라는 말의 본래 의미를 찾아서 구원의 개념과 연결해 보겠습니다.

우리가 알듯이 영어에서는 일반적으로 타동사가 목적어를 취할 때, 방향을 의미하는 전치사 TO를 동반합니다. 그런데 그와는 달리 '믿는다'라는 동사는 IN(안에서, 안으로)이라는 전치사를 동반하지요. 스페인어의 경우에도 일반적인 타동사들은 전치사로 방향을 의미하는 A를 동반하지만 '믿는다'라는 동사는 특별히 EN을 취합니다. EN은 영어의 IN과 같은 뜻입니다.

그러므로 나는 예수를 믿는다. 'I believe in Jesus'나 'Yo creo en Jesus'라는 말은 '나는 예수 안에 있다'라는 의미를 이미 내포하고 있는 것입니다. 그러므로 지금 예수 안에 있는 사람만이 진실로 그리스도를 믿는 사람이며 또한 구원을 받은 사람이라고 말할 수 있는 것이지요.

그런데 전에는 내가 확실히 예수 안에 있었지만 어떤 이유로든 지금은 그분을 떠나 있다면 나는 예수 믿는 것이 아니며, 또한 구원받지 못한 상태에 있다고 볼 수도 있습니다. 예수 안에 있다는 말은 그분의 말씀 안에서 살고 있다는 의미입니다(요 15:1-10).

3. 성경이 말하는 구원이란

믿음에 대한 이러한 개념을 가지고 구원과 관련해서 '믿음으로 받은 구원'을 이해하기 쉽게 '담보 대출로 내 집을 마련한 것'에 비유해 보겠습니다.

당신이 30년 상환으로 은행 대출을 받아 주택을 샀다고 가정합시다. 이제 그 집(구원)은 합법적으로 당신의 것입니다. 아직 완전한 소유는 아니지만 자기의 집처럼 누리며 삽니다. 앞으로 은행과 약속한 대출금(믿음)만 성실하게 이행하면 장래에 그것은 완전히 당신의 소유가 됩니다. 그러나 약속(믿음)을 이행하지 않으면 은행에 집을 빼앗깁니다(구원의 상실).

이처럼 우리는 믿음으로 장래에 속한 구원을 미리 받았습니다. 이것은 하나님과 믿는 자들 사이에 맺어진 언약입니다. 언약의 조건은 그리스도를 믿는 믿음입니다. 우리는 그리스도를 믿음으로 구원을 얻었고 지금도 믿음으로 구원의 감격과 특권을 누리며 삽니다. 그러나 아직 완전한 구원에 이른 것이 아니라 믿음으로 구원받은 상태에 있는 것입니다.

구원의 완성은 장래에 우리 믿음의 대상인 그리스도를 얼굴과 얼굴로 만날 때 우리의 영·혼·육이 그리스도와 같은 영화로운 몸을 입을 때에 완전히 이루어집니다. 그래서 사도 바울은 빌립보 교인들에게 '항상 복종하여 두렵고 떨림으로(믿음을 잘 지켜서) 너희 구원을 이루라'고 당부했던 것입니다(빌 2:12).

베드로도 이렇게 말합니다.

> 너희는 말세에 나타내기로 예비하신 구원(장래)을 얻기 위하여 믿음으로 말미암아 하나님의 능력으로 보호하심을 받았느니라 (벧전 1:5).

하나님의 보호하심을 받는 조건이 있는데 그것은 믿음입니다. 믿음은 하나님의 말씀을 들을 때에 생기며(롬 10:17), 우리가 이 믿음을 끝까지 지킬 때 구원의 완성에 이르게 됩니다.

다시 한번 정리해 보자면, 믿음과 구원은 언제나 현재적이어야 합니다. 과거에 진실하게 예수님을 그리스도로 믿었을지라도 지금은 다시 세상으로 돌아가 제멋대로 살고 있다면, 구원을 보장받을 수 없는 것입니다. 완전한 구원은 우리가 그리스도를 실제로 만날 때 성취되기 때문입니다. 믿음과 구원에 대해 이러한 개념을 가지고 성경을 읽게 되면 당신의 눈이 새롭게 열릴 것입니다.

다음 장에서는 신·구약성경 전체를 관통하는 통전적 연구를 통해, 먼저 하나님의 성품이 어떠한지를 알아보고, 하나님의 구원과 심판의 행위가 우리의 믿음과 구원에 대해 어떻게 정의하고 있는지를 살펴볼 것인데, 특별히 하나님과 언약을 맺었던 사람들을 중심으로 다루어 볼 것입니다.

제 2 장

하나님의 성품과 구속 경륜

1. 하나님의 성품

하나님께서는 인류 구원을 위한 특별한 목적과 뜻을 가지고 우주만물과 우리 인간을 창조하셨습니다. 창세기에서 계시록까지 이어지는 구속 경영에는 공통분모가 있는데, 그것은 하나님의 주요한 두 가지 성품인, 사랑과 공의입니다.

성경의 모든 책에는 사랑과 공의가 그 바탕에 깔려 있음을 알 수 있습니다. 그 어떤 책도 그 둘 중 어느 한 가지 성품만 나타내지 않습니다.

그러므로 우리가 성경의 특정한 본문을 해석할 때에는 자신이 발견한 진리가 성경의 전체적인 흐름에 역행하는 것은 아닌지, 그 책이 쓰여질 당시의 사회, 문화, 역사적인 배경은 어떠했는지 그리고 본문의 문맥과 행간의 의미는 무엇인지 주의 깊게 살펴볼 필요가 있습니다. 이것은 여러 잡다한 이단 교리들에 속지 않기 위한 중요한 원칙입니다.

그러한 점들을 고려하지 않고 성경을 읽을 때, 구약에서는 하나님을 너무 무섭고 이기적인 하나님, 진노와 심판의 하나님으로 인식하기 쉽습니다.

반면에 신약에서는 단순히 한없는 용서와 구원의 하나님을 인식하게 됩니다. 그러나 자세히 보면 구약이든 신약이든 하나님은 은혜와 진리, 사랑과 거룩, 구원과 심판에 대해 같은 입장을 계시하십니다.

하나님은 어제나 오늘이나 동일하십니다. 은혜와 진리, 사랑과 공의는 서로 상반된 개념 같지만 사실은 동전의 양면처럼 서로를 온전하게 지탱해 줍니다. 공의(거룩)가 실종된 사랑은 방종을 낳습니다. 사랑이 없는 공의는 율법주의를 낳습니다. 하나님은 그 자체로서 사랑이시지만 동시에 거룩(공의)하십니다.

2. 십자가에 나타난 하나님의 사랑과 공의

그리스도께서는 그분의 삶은 물론 특히 십자가상에서 하나님의 사랑과 공의라는 이 두 가지 성품을 완전히 꽃피우셨습니다. 3년 반 동안 예수님과 더불어 살았던 사도 요한은 이렇게 증언합니다.

> 말씀이 육신이 되어 우리 가운데 거하시매 우리가 그의 영광을 보니 아버지의 독생자의 영광이요 은혜와 진리가 충만하더라 (요 1:14).

요한이 예수님을 보니 "은혜와 진리가 충만하더라"는 것입니다. 하나님의 사랑, 자비, 긍휼, 구원은 하나님의 '은혜의 속성'입니다. 반면에 거룩, 분노, 징계, 공의, 심판은 '진리의 속성'입니다. 우리는 은혜와 사랑, 자비와 긍휼은 엄청 좋아합니다.

반면에 징계나 분노, 심판 같은 말은 싫어합니다. 어찌 보면 당연합니다. 심판받거나 징계받는 것을 좋아할 사람은 없으니까요. 설교도 은혜롭고 부드러운 톤의 설교를 듣기 좋아합니다.

그 단적인 예로 미국 복음주의 교단에서 매우 영향력 있는 롭 벨(Rob Bell)이라는 목사는 『사랑이 이긴다』라는 그의 책에서 "지옥은 없다"고 말해 교계에 큰 반향을 일으킨 적이 있었습니다. 그의 주장에 따르면 사랑의 하나님이 인간에게 영원한 고통이라는 선고를 내리실 리가 없다는 것입니다.

듣기에 얼마나 좋은 말입니까?

교회 안에 팽배해 있는 인본주의의 절정을 보는 듯합니다. 성경을 모르는 사람들은 현혹되기에 딱 맞는 이야기가 아닐 수 없습니다. 그 같은 책이 베스트셀러가 될 정도로 전 세계 교회의 관심을 불러 모았다는 것은 주님의 몸 된 교회의 영적 상태가 어떤 것인지를 보여 주는 좋은 예라고 생각합니다.

예수님은 "보이지 아니하는 하나님의 형상"(골 1:15)입니다. 우리의 궁극적인 부르심은 그리스도의 형상을 닮는 것입니다. 그리스도는 은혜와 진리로 충만합니다(요 1:14). 우리가 아직 죄인이었을 때에, 죄로 말미암아 죽을 수밖에 없었던 우리를 살리시려고 그리스도께서 자기 몸을 내어 주셨습니다. 우리를 너무나 '사랑'하셔서 우리에게 베푸신 지극히 큰 '은혜'입니다.

죄로 인해 원수되었던 우리를 위해 자기 몸을 죽기까지 내어 준 사랑, 하늘과 땅 위에서 이보다 더 큰 은혜가 있을까요?

그리스도께서는 자신을 십자가에 내놓을 필요 없이 단지 그분의 권력으로 사탄을 멸하시고 우리 모두를 구하실 수도 있었습니다(마 26:53). 굳이 로마 군인들에게 잡혀 조롱과 멸시와 채찍질을 당할 필요가 없었습니다. 주님은 하늘과 땅의 모든 권세를 가진 분이기 때문에 그분에게는 불가능한 일이 없습니다.

그런데 만물의 통치자이신 하나님은 자신이 만든 '진리의 법'에 따라 우리의 죄를 '심판'하기 위해 독생자 아들을 이 땅에 보내시고, 우리 대신 그 아들을 죽음에 내어 주신 것입니다. 하나님의 '공의'를 충족시키기 위함이었습니다.

사탄은 물론 천사나 그 어떤 피조물도 하나님께서 이같이 하찮은 인간들을 위해 자기의 사랑하는 독자 아들을 죽음에 내어 줄 것이라고는 상상도 못했을 것입니다. 그리스도를 통한 하나님의 구속 계획은 만세 전부터 하나님 안에 감추어져 있던 비밀이었기 때문입니다(엡 3:9-12).

그래서 하나님의 백성 유대인들조차 자기들의 메시아로 오신 예수님을 십자가에 못 박으며, "네가 그리스도여든 거기서 내려오라"라고 소리쳤던 것입니다. 마귀가 유대인들을 충동질하여 예수님을 십자가에 못 박게 했을 때에 그는 이렇게 생각했을 것입니다.

> 제아무리 하나님이라도 자기 아들이 십자가에서 무참하게 죽는 것을 보고만 있지는 못하겠지?
> 틀림없이 하늘의 천사들을 동원해서 이 땅의 패역한 인간들을 다 쓸어 버릴거야.
> 하나님도 이제는 인간들에게 소망이 없다는 것을 인정하겠지?
> 다시는 인간들을 구원하겠다고 나서지 못할거야. 하하하, 이제 드디어 온 인류는 내 것이다. 내가 저들의 유일한 왕이 되는 거야. 하늘의 천사들을 동원해서 이 땅의 패역한 인간들을 다 쓸어 버릴거야.

사탄은 그렇게 속으로 승리의 개가를 부르며 십자가상의 예수님을 지켜보았을 것입니다. 사탄 외에 하늘과 땅의 모든 피조물, 하늘의 천사도 하늘도 땅도 나무도 꽃들도 새들도 숨을 죽이고 십자가를 바라보았을 것입니다.

그런데 ….

너무나 뜻밖에도 하늘과 땅의 모든 권세를 가지신 하나님의 아들이, 자기 백성으로부터 버림을 받고 힘없이 범죄자 중의 하나처럼 십자가에 달려 무력하게 숨을 거두십니다.

그것을 지켜보고 있던 온 피조물이 얼마나 놀랐을까요?

하늘의 하나님께서 도대체 사람을 얼마나 사랑하시기에 저렇게 비싼 댓가를 지불하시는가?

우리 인간들만 몰랐지, 다른 모든 피조물은 하나님의 그 크고 놀라우신 사랑에 입을 다물지 못했을 것입니다. 그들은 그토록 사랑받는 우리를 너무도 부러워했을 것입니다. 사탄은 자기 꼼수에 자기가 넘어간 것을 알고 분노에 가득 차서 땅을 치며 울부짖었을 것입니다. 사탄이 제 아무리 지혜가 뛰어나도 그의 소견으로는 하나님의 깊은 심중을 헤아릴 수 없었던 것입니다.

〈패션 오브 크라이스트〉(Passion of the Christ)라는 영화의 뒷부분에는, 예수님께서 십자가에서 숨을 거두시자 사탄이 자기가 패배했음을 알고 성난 모습으로 울부짖는 모습이 매우 실감나게 표현되어 있습니다.

인류의 죗값을 치루시느라 십자가에서 육신이 찢어지고, 뼈가 빠지는 고통도 크셨겠지만, 그보다 죄로 인해 아버지로부터 외면당하고 분리되는 그 순간, 그 절망감은 예수님께서도 견디기 어려우셨던 것 같습니다.

그 절망감이 얼마나 크고 무서우셨기에, 십자가에서 숨을 거두시기 전 "나의 하나님, 나의 하나님, 어찌하여 나를 버리셨나이까"(마 27:46)라고 부르짖으셨을까요?

독생자 아들일지라도 공의대로 죄의 대가를 가감 없이 치루게 해야 했던 아버지의 마음은 얼마나 더 상하고 아팠을까요?

우리가 어떤 말로서 우리 하늘 아버지의 그 사랑과 그 은혜를 표현할 수 있을까요?

또 그런 극한 고통 중에도 끝까지 견디셨던 인간 예수님의 힘은 어디서 나온 것이었을까요?

다름 아닌 사랑, 우리를 향한 사랑과 아버지를 향한 사랑, 그 사랑의 힘이었습니다. 오늘날 우리가 십자가를 바라볼 때는 이처럼 하나님의 '사랑과 공의', 이 양면을 모두 볼 수 있어야 합니다. 하나님의 구속 경영도 이러한 하나님의 성품과 매우 밀접하게 관련되어 있습니다.

3. 성경에 나타난 하나님의 구원 사역

하나님의 사랑과 공의, 구원과 심판은 성경의 모든 책의 핵심 주제라고 해도 과언이 아닐 것입니다. 성경에는 하나님의 사랑과 은총을 크게 입은 믿음의 선진들의 이야기가 이루 헤아릴 수 없이 많습니다.

또 다른 한편으로 하나님의 큰 은혜를 소홀히 여기고 불순종했던 사람들의 비참한 결말도 많습니다. 그 양쪽의 이야기는 큰 틀에서 하나님의 구원방식을 살펴보는 데 매우 도움이 될 것입니다.

하나님의 구속 경영은 구약이나 신약이나 시대를 초월하여 일맥상통합니다. 하나님은 먼저 무조건적인 사랑으로 사람에게 다가가셔서 그에게 큰 은혜(복)를 베푸십니다(구원). 그리고 그 은혜와 사랑에 감격으로 반응하는 자들과 언약을 맺습니다. 언약의 조건은 순종이며 순종은 믿음의 결과입니다.

우리는 성경에서 믿고 순종한 자들은 받은 복(구원)을 누리고 마침내 언약이 성취되는 것을 볼 수 있습니다. 그러나 처음에 순종으로 시작했다고 할지라도 후에 하나님을 떠나면, 하나님에게서 분리되고 돌이키지 않으면 결국 멸망합니다. 이것이 하나님께서 성경 전체를 통해 보여주고 계신 '구속 경영'입니다. 언약 관계를 중심으로 그것을 살펴보겠습니다.

아담은 어떤 은혜를 받았습니까?

그는 창조되기 전 한 줌 흙에 불과했습니다. 그는 나무나 꽃 또는 벌레나 짐승의 형상을 받을 수도 있었습니다. 그런데 하나님께서는 그를 자기의 형상대로 만드사 자녀 삼으시고, 땅 위에 하늘의 낙원과 같은 아름답고 풍성한 동산을 만들어 살게 하셨습니다.

이는 하늘의 하나님께서 사람에게 베푸신 지극한 복, 곧 구원의 은혜입니다. 스페인어로 구원의 어원적 의미를 살펴보면 'Bienaventurado'(최상의 복, 지극한 복)이라는 뜻입니다. 아담은 흙이라는 무의미한 존재에서 하나님의 아들이라는 최상의 존재로 거듭난 것입니다.

아담은 동산의 왕이었습니다. 모든 피조물이 그를 두려워하였고 그에게 복종했습니다. 동산은 조화롭고 평화롭고 모든 것이 풍부했습니다. 아담은 거기서 하늘의 하나님과 아버지와 아들로서 친밀하게 지냈습니다. 아담에게는 육신의 아버지는 없었고 하나님이 그의 유일한 아버지였습니다.

이 모든 것은 하나님께서 아담에게 은혜로 베푸신 것입니다. 하나님께서는 그 아들을 통해 이 땅 위에 자기의 왕국을 건설하기 원하셨습니다. 아담의 사명은 에덴동산을 잘 가꾸어서 온 땅을 에덴동산처럼 아름답고 풍성하게 만드는 것이었습니다. 그리고 그의 경건한 후손(말 2:15)들로 지면을 채우는 것이었습니다.

얼마나 놀라운 은혜입니까?

그 은혜에 대하여 다윗은 이렇게 하나님을 찬양합니다.

> 주의 손가락으로 만드신 주의 하늘과 주께서 베풀어 두신 달과 별들을 내가 보오니 사람이 무엇이기에 주께서 그를 생각하시며 인자가 무엇이기에 주께서 그를 돌보시나이까 그를 하나님(다른 버전에서는 천사들로 번역됨)보다 조금 못하게 하시고 영화와 존귀로 관을 씌우셨나이다 주의 손으로 만드신 것을 다스리게 하시고 만물을 그의 발 아래 두셨으니(시 8:1-6).

시편 8편은 다윗이 우리 인간에게 베푸신 하나님의 놀라운 은혜와 사랑을 묵상하다가 마음이 너무 감동되어 쓴 찬양시입니다. 천사보다 조금 못하다는 것은 사람이 땅 위에 있을 때는 흙으로 만들어져서 아직 완성되지 않은 부족하고 연약한 모습을 의미합니다.

하늘들과 온 우주를 만드신 하나님께서 사람을 위해 땅 위에 이처럼 아름답고 놀라운 자연 만물을 베풀어 주시고 그것들을 누리며 다스리게 하시다니, 도대체 사람이 하나님께 어떤 존재이기에 이런 큰 은혜를 베푸시는지, 다윗은 밤하늘을 바라보다가 너무 감격하여 두 손 들고 하나님을 찬양하는 것입니다. 그런데 이런 복된 삶을 누리기 위해서는 한 가지 조건이 있었습니다. 그것은 아담과 하나님 사이에 맺은 언약입니다.

> 선악을 알게 하는 나무의 열매는 먹지말라. 네가 먹는 날에는 반드시 죽으리라 하시니라(창 2:17).

다시 말해 이 언약을 지키면, 즉 하나님의 말씀에 순종하면 그는 복을 계속 누리며 영원히 에덴에서 살 수 있지만 불순종하면 죽는다는 것입니다.

결과는 무엇인가요?

아담은 하나님께서 자기에게 베풀어 주신 그 놀라운 은혜와 사랑을 알지 못했습니다. 그 모든 것을 그냥 당연하게 생각했고 감사하지 못했습니다. 오히려 하나님께서 한 가지 금하신 것, 그것에 대해 의심하기 시작했습니다. 그러자 시험하는 자가 그에게 다가왔습니다.

마침내 아담은 마귀의 말에 속아 하나님을 불신하고 언약을 어겼습니다, 그 불순종으로 에덴에서 누리던 복을 박탈당하고 거기서 쫓겨나지요. 하나님과의 친밀했던 관계가 깨졌습니다(영적 죽음). 온 땅을 에덴동산으로 만드는 사명의 성취를 이루지 못하고, 언약을 파기함으로 죽었습니다(육적 죽음).

> 그들은 아담처럼 언약을 어기고 거기에서 나를 반역하였느니라 (호 6:7).

다만 하나님께서 그를 즉시 죽이지 않으시고 그에게 자비와 긍휼을 베푸셔서 땅 위에서 약 천년을 살게 하셨습니다.

아담의 실패로 하나님의 계획은 끝났을까요?

그렇지 않습니다, 땅 위에 하나님의 나라를 건설하기 위한 그 계획은 두 번째 아담인 그리스도께서 이 땅에 오셔서 잃어버린 것을 모두 회복하시기까지 언약 백성을 통하여 계속됩니다.

하나님과 아브라함과의 언약을 볼까요?

아브라함은 어떤 은혜를 받았습니까?

영생하시는 하나님께서 그에게 찾아오십니다(창 12:1). 하나님께 찾은바 되는 것, 그것이 복중의 복이며 은혜 중의 은혜입니다. 하나님께서는 아브라함에게 "내가 네게 지시할 땅으로 가라, 그러면 네게 이러 이러한 복을 주리라"(창 12:2-3)고 약속하십니다.

결과는 어떻게 되었나요?

말씀을 믿고 순종함으로 아브라함은 약속의 성취를 보았습니다. 언약하신 대로 아들을 얻었고, 그의 후손들을 통해 이스라엘이라는 한 나라를 이루었으며, 그의 후손으로 오신 그리스도를 통하여 세계 모든 민족이 복을 얻게 되었고 오늘날 우리의 믿음의 조상이 되었습니다. 순종의 결과입니다.

하나님과 이스라엘 백성의 언약 관계는 어떻습니까?

하나님의 '은혜'로 이스라엘 자손은 애굽의 종살이에서 해방되었고, 유월절 어린양의 피로 출애굽(구원)하였습니다. 홍해에서 침례를 받았고, 반석에서 나온 물과 하늘의 만나인 그리스도(고전 10:1-8)를 경험했습니다. 이스라엘과 맺은 언약은 이것입니다.

> 너희가 내 말을 잘 듣고 내 언약을 지키면 너희는 모든 민족 중에서 내 소유가 되겠고 제사장 나라가 되며 거룩한 백성이 되리라(출 19:5-6).

하나님의 말씀을 듣고 계명을 잘 지키면, 이스라엘 백성은 세계 모든 민족 중에서 거룩하고 복된 하나님의 백성이 되겠고, 그 축복이 세계 모든 민족에게 알려져서 다른 나라들도 하나님께 돌아오게 하는 제사장 나라가 될 것이라는 약속입니다. 이것을 위해 하나님은 이스라엘 백성과 피의 언약식(출 24:3-8)도 가졌습니다.

하나님께서는 노예의 습성에 길들여진 이스라엘 자손들을 하나님의 백성으로 합당하게 변화시키기 위해 시련의 광야를 지나게 하셨습니다. 거기서 그들이 순종하는지 불순종하는지 시험하셨습니다(신 8:2). 오직 순종하는 자들만이 가나안에 들어가 하나님의 뜻을 이루는 참 백성이 될 수 있기 때문입니다.

결과는 어떻게 되었을까요?

하나님의 큰 구원을 경험했던 이스라엘 자손은 쉽게 하나님의 은혜를 잊어버립니다. 그들은 광야에서 어려움을 견디지 못하고 하나님께 불평하며 애굽으로 돌아가려 했습니다. 그러한 불순종으로 인해 출애굽 세대는 광야에서 모두 멸망당하고, 끝까지 믿음으로 순종한 여호수아와 갈렙, 이 두 사람만이 광야에서 자라고 태어난 세대들과 함께 약속의 땅에 들어갔습니다(고전 10:1-12).

피의 언약식이 의미하는 바는 무엇일까요?

아브라함 시대에 고대 근동에서는 나라의 왕들 사이에 어떤 계약을 맺고자 할 때에, 소나 양이나 염소 등 짐승들을 둘로 쪼개고, 피가 흐르는 사체들을 양쪽으로 하나씩 벌여 놓은 다음, 계약 당사자들이 나란히 사체들 사이로 지나가는 의식을 했다고 합니다.

그 의식이 의미하는 바는 계약 당사자 중에 한쪽이 계약을 어길 경우에, 희생당한 짐승들처럼 죽임을 당할 것이라는 의미였다고 합니다. 이스라엘 백성은 그 의미를 잘 알았을 것입니다. 창세기 15장에서도 하나님과 아브라함 사이에 그 의식을 볼 수 있습니다.

> 송아지를 둘로 쪼개고 그 두 조각 사이로 지나매 내 앞에 언약을 맺었으나 그 말을 실행하지 아니하여 내 계약을 어긴 그들을 곧 송아지 두 조각 사이로 지난 유다 고관들과 예루살렘 고관들과 내시들과 제사장들과 이 땅 모든 백성을 내가 그들의 손

> 과 그들의 생명을 찾는 자의 손에 넘기리니 그들의 시체가 공중의 새와 땅의 짐승의 먹이가 될 것이며 또 내가 유다의 시드기야 왕과 그의 고관들을 그의 원수의 손과 그의 생명을 찾는 자의 손과 너희에게서 떠난 바벨론 왕의 군대의 손에 넘기리라 (렘 34:18-21).

위의 언약은 이스라엘 분열왕국 시대에 하나님께서 남왕국 유대인들과 맺은 것입니다. 그들은 불순종함으로 예레미야의 예언대로 북왕국 이스라엘처럼 외국 군대의 침략을 받아 멸망합니다. 그리고 전쟁에서 살아남은 예루살렘 주민들은 포로가 되어 열방으로 흩어지게 됩니다.

짐승의 피 뿌림을 통해 하나님과 언약을 맺은 이스라엘 백성은 언약을 어겼기 때문에 마침내 희생당한 짐승의 운명처럼 저주를 받은 것입니다.

이번에는 사울왕의 경우를 볼까요?

그는 이스라엘의 왕으로 기름 부음을 받았고, 성령이 임함으로 예언을 하고 변하여 새사람이 되었습니다(삼상 10:1-6). 하나님은 그에게 큰 은혜를 주시고 그를 왕으로 세우셨지만 사울은 백성들을 의식하여 하나님께 거듭 불순종했습니다. 그 결과 그는 왕의 자리에서 쫓겨나게 되고 그의 후손은 멸문지화를 당하게 됩니다.

그럼 우리와 그리스도의 언약은 어떻습니까?

우리는 예수님을 그리스도로 믿고 하나님의 자녀가 되었습니다. 이것은 다름 아닌 새 언약의 중보자이신 유월절 어린양 예수의 살과 피로 하나님과 언약을 맺은 것을 의미합니다. 언약식은 예수님께서 잡히시던 날 밤에 우리 모두를 대표로 열두 제자와 함께했습니다(요 17:20-21). 그리고 성령님을 이 땅에 보내셔서 우리를 돕게 하십니다.

성령님은 우리를 예수님께서 걸으셨던 십자가의 길로 인도하십니다. 그 길은 좁고 협착한 길이라서 많은 사람에게 인기가 없습니다. 거기서는 당신이 아무리 착하고 또 일을 능력 있게 잘해도 칭찬이나 인정보다는 조롱과 멸시를 받거나 시기 질투의 대상이 되기 쉽습니다. 그것이 주님이 가신 길이기 때문입니다.

그래도 잘 참고 그 길로 걸어가면 예수님과 함께 십자가와 무덤을 지나 마침내는 부활의 아침을 맞이하게 될 것입니다(요 14:6).

오늘날과 같이 어둠이 깊은 때에도 당신은 두려움 없이 부활의 능력 가운데서 걸으며 어둠을 향해 빛을 발할 것입니다. 당신은 살아서 왕으로 오시는 그리스도를 맞이할 수도 있을 것입니다.

우리 주님이 왕권을 가지고 오셔서 온 세상 나라들을 접수하실 때, 당신도 왕 같은 제사장으로서 그리스도와 함께 이 세상에서 다스릴 것입니다. 이처럼 하나님의 뜻이 하늘에서와 같이 땅에서도 이루어질 것입니다(천년왕국).

이렇게 복된 삶을 약속하는 '새 언약의 조건'은 요한복음 14:21의 말씀처럼, 주님께 사랑을 받으려면 주의 계명을 지켜야 한다는 것입니다. 순종입니다. 예수님께서 우리에게 친히 주신 계명이 있는데 그것은 산상수훈(마 5-7장)입니다. 거기에는 무엇이 하나님 사랑이고 무엇이 이웃 사랑인지를 아주 상세히 설명합니다.

산상수훈의 말씀들은 옛사람을 십자가에 못 박은 사람들이 지킬 수 있는 수준 높은 계명입니다. 우리가 훈련의 광야를 지날 때, 옛 생활 방식을 버리고, 어떤 유혹이나 핍박도 잘 이기고 세상과 구별된 삶을 산다면, 구원을 온전히 이루게 될 것입니다(성화). 우리가 구원을 이루는 이 모든 과정은 우리의 지혜나 힘으로 되는 것이 아니라 반드시 성령님의 도움이 필요합니다.

이 마지막 시즌에 우리 주님께서 자기의 신부를 데리러 오실 때는 이렇게 죄와 마귀와 세상을 이긴 자들을 찾으실 것입니다(계 2:7, 17, 26; 3:12, 21). 이것이 신구약 전체를 관통하여 흐르는 하나님의 구속 경륜입니다.

이처럼 구원론은 성경의 한 부분만을 가지고 논해서는 안 됩니다. 왜냐하면, 어떤 말씀은 은혜(사랑)를 강조하고 있고 또 다른 부분은 심판(공의)을 강조하기 때문입니다.

사실 성경에서 단도직입적으로 '한번 구원은 영원한 구원'이라고 말씀하는 곳은 단 한 구절도 없습니다. 오히려 신앙의 변절과 그로 인해 멸망당할 위험에 대해 경고하는 말씀들은 너무나 많습니다.

그런데도 교회가 사람의 계명(신학적 교리)에 미혹되어 많은 영혼이 지옥 가는 것을 방치합니다. 답답하고 가슴 아픈 현실이 아닐 수 없습니다.

특정 교단이나 교파가 성경 외에 신앙의 근간으로 채택하고 있는 신학적 교리나 교회의 전통들은 사실 그 뿌리가 성경에 있기보다는 그 시대의 산물인 경우가 많습니다. 왜냐하면, 그 교리가 당시의 문화와 제도 속에서 심히 왜곡된 진리를 바로잡기 위한 것이었기 때문입니다. 그 업적이 너무 부각되니 중대한 실수마저 가려지게 된 것입니다.

그러므로 신학적 교리나 교회의 전통들은 오고 오는 세대에서 말씀과 성령에 의해 새롭게 비판, 해석될 때, 몸

된 교회를 건강하게 재건 할 수 있을 것입니다.

올바른 성경 연구와 해석을 통해 교회를 이단으로부터 보호하고 교회를 교회되도록 돕는 것, 그것이 신학이나 신학자의 진정한 역할이자 기능이 아닐까요?

그런데 신학은 그 본래 기능을 상실한 지 이미 오래되었습니다. 오히려 교회 안에서 특정한 교리체계가 성경보다도 앞서는 모습입니다. 교리가 우상입니다. 교리가 우상이 되면 성경을 읽을 때 그 교리와 대치되는 구절들은 눈에 들어오지 않습니다. 우상이 그 사람의 눈을 가려서 진리를 보지 못하게 막아 버리기 때문입니다.

예수님 당시의 바리새인들이 그러했습니다. '바리새'란 '거룩하게 분리된'이라는 의미로서 유대교의 분파 중 하나입니다. 바리새파의 출현은 남왕국 유다가 바빌론에 포로되어 간 후, 유대인들이 각 나라에서 디아스포라를 형성하며 살고 있었을 때, 그곳의 이방 문화로부터 이스라엘 백성의 정체성을 확고히 세우려는 필요에 의해 생긴 평신도 운동이었습니다.

성전제사를 드릴 수 없던 때에 유대인들은 회당에 모여 예배를 드렸는데 이때 바리새인들은 강론할 말씀을 연구하고 가르치는 중요한 역할을 감당했습니다. 후에 이들은 오늘날 신학자와 비슷한 종교적 특권층으로 격상되었습니다.

바리새인들은 백성들로 하여금 율법을 문자적으로 철저히 지키게 하려고 모세오경에 세부적인 조항들을 덧붙였는데, 그것들이 바로 장로들의 전통이라고 하는 것입니다.

그런데 저들의 본래 의도와는 달리 장로들의 전통은 오히려 그들로 하여금 진리를 보지 못하게 막아 버렸습니다. 주님은 바리새인들을 이렇게 책망하셨습니다.

> 대답하여 이르시되 너희는 어찌하여 너희의 전통으로 하나님의 계명을 범하느냐 이 백성이 입술로는 나를 공경하되 마음은 내게서 멀도다 사람의 계명으로 교훈을 삼아 가르치니 나를 헛되이 경배하는도다(마 15:3,8).

해 아래 새 것은 없습니다. 그동안 사탄이 얼마나 교묘하게 각 교단의 신학교와 교회의 강단에 깊이 침투해 들어와 있었는지, 이제는 확실히 알고 우리가 그러한 잘못된 교리들을 경계하고 성경적으로 건강한 교훈들을 세우기에 힘써야 할 것입니다.

제 3 장

구원에 대한 서신서들의 증거

제2장에서는 통전적 연구를 통해 성경 전반에 걸쳐 하나님의 구속 경영이 어떤 방식으로 진행되어 왔는지를 살펴보면서 지속적인 불순종이 우리의 구원에 어떠한 영향을 미치게 되는지를 생각해 보았습니다.

이제 제3장에서는 주제와 관련하여 서신서들은 무엇이라고 증거하고 있는지 함께 확인해 보는 시간을 갖겠습니다.

1. 로마서의 증거

사도 바울은 로마서 11장에서 말하기를, 이스라엘은 참감람나무이고 이방인이던 우리는 돌감람나무인데, 참감람나무가 열매를 맺지 못함으로 그 가지들이 꺾이고 돌감람나무이던 우리가 참감람나무에 접붙임을 받았다고 합니다(롬 11:17-20).

이어서 바울은 우리를 향하여 이렇게 말합니다.

> 옳도다 그들은 믿지 아니하므로 꺾이고 너는 믿으므로 섰느니라. 높은 마음을 품지 말고 도리어 두려워하라. 하나님이 원 가지들도 아끼지 아니하셨은즉 너도 아끼지 아니하시리라 그러므로 하나님의 인자하심과 준엄하심을 보라 넘어지는 자들에게는 준엄하심이 있으리니 너희가 만일 하나님의 인자하심에 머물러 있으면 그 인자가 너희에게 있으리라. 그렇지 않으면 너도 찍히는 바 되리라(롬 11:20-22).

바울은 우리에게 권고하기를, 먼저 택함을 받은 이스라엘이 믿음 안에 있지 못함으로 인해 언약에서 잘려 나갔던 것처럼, 너희도 믿음 안에 있지 않으면 찍혀 버릴 수 있으니 항상 믿음 안에서 행하라는 것입니다.

원가지에 해당하는 이스라엘 백성들도 아끼지 않고 찍어 버리셨는데 접붙여진 가지와 같은 우리 그리스도인들이 하나님께 불순종한다면 이스라엘 백성처럼 버림받을 것이라는 말씀입니다.

2. 히브리서의 증거

히브리서에서는 옛 언약(모세)과 새 언약(그리스도)을 비교하면서 성도의 구원에 대해 우리에게 이렇게 증거합니다. 히브리서 12:18-25입니다. 21절까지만 먼저 읽겠습니다.

> 너희는 만질 수 있고 불이 붙는 산과 침침함과 흑암과 폭풍과 나팔 소리와 말하는 소리가 있는 곳에 이른 것이 아니라 그 소리를 듣는 자들은 더 말씀하지 아니하시기를 구하였으니 이는 짐승이라도 그 산에 들어가면 돌로 침을 당하리라 하신 명령을 그들이 견디지 못함이라 그 보이는 바가 이렇듯 무섭기로 모세도 이르되 내가 심히 두렵고 떨린다 하였느니라(히 12:18-21).

위 구절들은 출애굽 후, 이스라엘 백성이 하나님과 언약을 맺을 때에, 시내산 위에 임했던 하나님의 엄위하심으로 말미암아 두려워 떨었던 당시의 상황을 말하고 있습니다(출 19:16-24; 20:18-21).

히브리서 기자는 말하기를, 모세의 때에 짐승의 피를 가지고 맺은 언약도 그렇게 엄위했는데, 그에 비해서 독생자 아들의 피를 가지고 맺은 언약은 얼마나 더 엄위한지를 이어서 설명합니다.

> 그러나 너희가 이른 곳은 시온 산과 살아 계신 하나님의 도성인 하늘의 예루살렘과 천만 천사와 새 언약의 중보자이신 예수와 및 아벨의 피보다 더 나은 것을 말하는 뿌린 피니라 너희는 삼가 말씀하신 이를 거역하지 말라 땅에서 경고하신 이(모세)를 거역한 그들이 피하지 못하였거든 하물며 하늘로부터 경고하신 이(그리스도)를 배반하는 우리일까 보냐(히 12:22-25).

히브리서 10:26-29도 같은 말씀을 합니다.

> 우리가 진리를 아는 지식을 받은 후 짐짓(고의적으로 계속) 죄를 범한 즉 다시 속죄하는 제사가 없고 오직 무서운 마음으로 심판

을 기다리는 것과 대적하는 자를 태울 맹렬한 불만 있으리라 모세의 법을 폐한 자도 두세 증인으로 말미암아 불쌍히 여김을 받지 못하고 죽었거든 하물며 하나님의 아들을 짓밟고 자기를 거룩하게 한 언약의 피를 부정한 것으로 여기고 은혜의 성령을 욕되게 하는 자가 당연히 받을 형벌은 얼마나 더 무겁겠느냐 너희는 생각하라(히 10:26-29).

모세를 거역한 이스라엘 백성도 하나님의 진노를 피하지 못했는데, 하나님의 아들 그리스도와 맺은 언약을 배반한다면 그 형벌은 얼마나 더 클 것인지를 생각해 보라는 것입니다. 우리가 그리스도와 맺은 언약은 결코 가볍게 여길 일이 아니라는 말씀입니다.

히브리서 기자는 이처럼 믿는 자들이 받은바 구원을 소홀히 여기고 하나님께 불순종한 삶을 사는 것에 대하여 매우 강하게 경고하는 것을 볼 수 있습니다.

구약이든 신약이든 하나님과 사람 사이에 맺어진 모든 언약의 특징은 공통적으로 순종하면 복을 누리고, 불순종하면 그 누리던 복을 빼앗기고 마침내 저주를 받는다는 것입니다.

예레미야 21:8에서는 "내가 너희 앞에 생명의 길과 사망의 길을 두었다"라고 하십니다. 아담 앞에 생명나무와 선악과나무가 있었듯이 우리 앞에는 '육신을 따라 사는 길'과 '속사람을 따라 사는 길'이 있습니다. 어느 길로 갈 것인지는 우리 각자의 선택에 달린 것입니다.

하나님께서는 우리가 생명의 길로 가기를 간절히 원하시지만 강요하지 않으십니다. 우리의 자유의지를 존중하시기 때문입니다.

3. 고린도전서의 증거

사도 바울도 고린도전서 10:1-10에서 이렇게 말합니다.

> 형제들아 나는 너희가 알지 못하기를 원하지 아니하노니 우리 조상들이 다 구름 아래에 있는 바다 가운데로 지나며 모세에게 속하여 다 구름과 바다에서 침례를 받고 다 같은 신령한 음식(만나, 곧 말씀)을 먹으며 다 같은 신령한 음료를 마셨으니 이는 그들을 따르는 신령한 반석으로부터 마셨으매 그 반석은 곧 그리스도시라 그러나 그들의 다수를 하나님이 기뻐하지 아니하셨으

므로 그들이 광야에서 멸망을 받았느니라 이러한 일은 우리의 본보기가 되어 우리로 하여금 그들이 악을 즐겨 한 것 같이 즐겨 하는 자가 되지 않게 하려 함이니 그들 가운데 어떤 사람들과 같이 너희는 우상 숭배하는 자가 되지 말라 기록된 바 백성이 앉아서 먹고 마시며 일어나서 뛰논다 함과 같으니라 그들 중의 어떤 사람들이 음행하다가 하루에 이만 삼천 명이 죽었나니 우리는 그들과 같이 음행하지 말자 그들 가운데 어떤 사람들이 주를 시험하다가 뱀에게 멸망하였나니 우리는 그들과 같이 시험하지 말자 그들 가운데 어떤 사람들이 원망하다가 멸망시키는 자에게 멸망하였나니 너희는 그들과 같이 원망하지 말라 그들에게 일어난 이런 일은 본보기가 되고 또한 말세를 만난 우리를 깨우치기 위하여 기록되었느니라(고전 10:1-10).

이스라엘 자손은 큰 구원을 받았습니다. 애굽에서의 열 가지 재앙으로 하나님께서 그들을 어떻게 구별하시고 사랑하시는지를 경험했습니다. 홍해 바다를 마른 땅처럼 밟고 지났고 아무것도 없는 광야에서 만나와 메추라기를 내려주신 일 등을 통해 하나님의 하나님 되심을 친히 보았습니다. 그 모든 것은 하나님께서 오직 이스라엘 자손에게 베푸신 놀라운 은혜였습니다.

그런데 그들은 구원을 베푸신 하나님께 감사하지도 않았고, 어려운 일이 생기면 하나님을 믿고 기다리는 것이 아니라 습관적으로 불평하며 원망했습니다. 그들을 구원하신 하나님의 뜻이 무언인지에 대해서는 관심도 없었고 오로지 육신의 만족을 추구하다가 멸망당하고 말았습니다.

사도 바울은 우리에게 이스라엘을 거울삼아 구원을 잃어버리지 않도록 조심하라고 당부하는 것입니다. 그는 또 말하기를 복음을 받은 여러 사람이 진리를 떠나 십자가의 원수로 행한다고 합니다.

> 내가 여러번 너희에게 말하였거니와 이제도 눈물을 흘리며 말하노니 여러 사람들이 십자가의 원수로 행하느니라 그들의 마침은 멸망이요 그들의 신은 배요 그 영광은 그들의 부끄러움에 있고 땅의 일을 생각하는 자라(빌 3:18-19).

이외에도 서신서들에는 '받은바 구원을 소홀히 여기지 말라'는 경고가 너무나 많습니다. 하늘의 은사를 맛보고도 땅의 것에 마음을 빼앗기고 살다가는 멸망을 당한다는 것입니다.

오늘날에도 우리 주변을 돌아보면 믿는다고 하는 이들이 끝없이 자기 욕심을 채우느라 여념이 없는 모습을 봅니다. 마치 이 땅에서 영원히 살 것처럼 행동합니다.

선교지에서 만났던 여러 젊은 현지 목회자가 말하기를 자신의 소망은 한국의 어느 유명한 목사처럼 대형 교회를 이루는 것이라고 했습니다. 그들은 교회 성장에 대한 테크닉을 잘 배워서 어떻게든 자신의 야망을 이루고 싶어 했습니다. 목회자에게 그것은 복이 아니라 오히려 저주가 될 수 있는데 말입니다.

주님을 따라 살면서도 긴 인생 여정에서 우리는 연약함으로 넘어지기도 하고 때로는 원치 않게 죄를 범하기도 합니다. 그럴지라도 넘어지면 일어서고 범죄 하면 회개하며 끝까지 주님을 따릅니다.

이 과정에서 우리는 주님의 많은 은혜와 섭리를 경험합니다. 우리의 죄와 실수를 통해서도 결국은 합력하여 선을 이루시는 하나님의 놀라우신 은혜를 경험합니다.

우리는 삶의 중심을 주님께 두고 있기 때문에 자신의 연약함으로 실수하고 넘어질지라도 주님을 떠나지 않습니다. 시련과 고통 중에도 믿음으로 승리하는 과정을 반복하며 점점 그리스도의 형상을 닮아 갑니다. 주님은 우리에게 이것을 기대하십니다.

　우리는 계속해서 주님을 닮아 가는 성화 과정에 있습니다. 예수님께서 전에 죄로 말미암아 원수 되었던 우리를 십자가로 구원하신 것은 하나님 앞에 우리를 거룩하고 흠 없는 자로 세우려 함이었습니다(골 1:21-22). 하나님이 거룩하시니 자녀 된 우리도 거룩해야 하기 때문입니다.

　이어서 다음 장에서는 성경 전체를 아우르는 통전적 연구를 배제한 본문 분석적인 성경 해석이 우리의 구원관에 얼마나 큰 왜곡을 일으켰는지 대표적인 몇몇 부분을 드러내 바로잡아 보겠습니다.

제 4 장

전통적 해석의 오류

어느 유명한 설교자가 로마서 8:31-39 말씀을 가지고 이렇게 설교하는 것을 들었습니다.

> 그 누구도 그 무엇도 우리를 그리스도의 사랑에서 끊을 자가 없으므로, 한번 하나님을 진실하게 믿고 예수님을 구주로 영접했다면, 앞으로 어떤 경우에도 결코 구원을 잃지 않는다.

한번 구원은 '영원 구원'이라는 것입니다. 그분의 메시지는 매우 그럴듯하고 은혜롭게 들립니다만, 사실 성경의 진리와는 거리가 먼 정반대되는 잘못된 해석입니다.

저는 이 유명한 본문에 대해 성령님께 분별력을 구하며 통전적 연구 방식으로 로마서를 처음부터 끝까지 다시 읽어 보았습니다. 그런데 놀랍게도 성령께서 그 부분에 대해 다음과 같이 밝혀 주셨습니다.

1. 로마서 8장의 구원의 안전 보장 의미

로마서 1-8장까지 대략 살펴보면 다음과 같습니다.

1-2장: 인간의 죄성과 하나님의 심판
3-4장: 하나님의 의와 믿음
5장: 믿음으로 의롭다 하심을 받은 사람의 삶
6장: 죄에 대하여는 죽고 의의 종이 되어 살라는 권면
7장: 바울이 자신의 내부에서 서로 치열하게 싸우고 있는 두 존재, '육의 사람'과 '속사람'에 대한 인정과 고백
8장: 죄로부터의 해방 선언, 그리스도를 믿음으로 말미암아 거듭난 우리는 육신에 져서 육신의 정욕을 따라 살지 말고 영으로써 몸의 행실을 죽이며 살아야 한다고 주장

그리고 아래의 구절들이 이어집니다.

> 그런즉 이 일에 대하여 우리가 무슨 말 하리요 만일 하나님이 우리를 위하시면 누가 우리를 대적하리요 자기 아들을 아끼지 아니하시고 우리 모든 사람을 위하여 내주신 이가 어찌 그 아들과 함께 모든 것을 우리에게 주시지 아니하겠느냐 누가 능히 하나님께서 택하신 자들을 고발하리요 의롭다 하신 이는 하나님이시니 누가 정죄하리요 죽으실 뿐 아니라 다시 살아나신 이는 그리스도 예수시니 그는 하나님 우편에 계신 자요 우리를 위하여 간구하시는 자시니라 누가 우리를 그리스도의 사랑에서 끊으리요 환난이나 곤고나 박해나 기근이나 적신이나 위험이나 칼이랴 기록된 바 우리가 종일 주를 위하여 죽임을 당하게 되며 도살당할 양 같이 여김을 받았나이다 함과 같으니라 그러나 이 모든 일에 우리를 사랑하시는 이로 말미암아 우리가 넉넉히 이기느니라 내가 확신하노니 사망이나 생명이나 천사들이나 권세자들이나 현재 일이나 장래 일이나 능력이나 높음이나 깊음이나 다른 어떤 피조물이라도 우리를 우리 주 그리스도 예수 안에 있는 하나님의 사랑에서 끊을 수 없으리라(롬 8:31-39).

위의 구절들은 매우 유명합니다. 아마도 우리 모두가 좋아하는 구절일 것입니다. '구원에 대한 확신을 갖도록 격려하는 말씀'이기 때문이지요. 그러나 우리가 일반적으로 이해하고 있는 것처럼 사도 바울이 여기서 '한번 구원은 영원한 것이니 이제부터 안심해라'고 말하고 있는 것이 아닙니다. 왜 그런지 본문을 중심으로 살펴보겠습니다.

본문에서 가장 중요한 포인트는 첫 번째 구절에서 가리키고 있는 '우리'라는 대상의 정체성을 명확히 파악하는 것입니다.

바울이 말하는 '우리'는 누구를 가리키는 것일까요?

침례(세례) 받고 성실하게 교회 다니며, 예수를 믿는다고 고백하는 사람일까요?

그렇게 단순하지 않습니다. 여기에서 바울이 반복하여 언급하고 있는 우리는 8장 전반부(1-30절)의 말씀처럼, 자기를 부인하고 그리스도 안에서 성령의 인도함을 받으며 육신의 욕망을 따라 살지 않고 속사람을 따라 살아가고 있는 성도입니다.

> 너희가 육신대로 살면 반드시 죽을 것이로되 영으로써 몸의 행실을 죽이면 살리니 무릇 하나님의 영으로 인도함을 받는 사람은 곧 하나님의 아들이라(롬 8:13-14).

위의 약속처럼 땅 위나 땅 아래에서 영으로 인도함을 받는 하나님의 자녀들을 해할 권세는 아무것도 없습니다. 그들은 그리스도 안에 있기에 어떤 환란이나 핍박, 그리고 질병이나 죽음조차도 믿음으로 이겨 내기 때문입니다.

그런데 과거에 구원을 받고, 성령을 따라 살았던 사람이 마음이 교만하고 태만해져서 지금은 은혜를 저버리고 하나님을 떠나 정욕대로 살고 있다면, 그 사람에게는 이 약속이 해당되지 않는다는 것입니다.

많은 성도가 오해하고 있는 구절이 있습니다.

> 주 예수를 믿으라. 그리하면 너와 네 집이 구원을 얻으리라(행 16:31).

오늘날 우리나라에서는 예수님을 믿는다고 해서 어떤 큰 위험이 따르지는 않습니다. 그러나 당시 초대 교회의 성도에게 위의 말씀은 지금 우리 시대가 이해하는 것과는 매우 의미가 달랐습니다.

당시는 침례 받고 예수 믿는다고 공표하면, 어떤 불이익을 당할지 모르는 상황이었습니다. 가문에서 쫓겨나고, 직장도 잃고, 감옥에 갇히고, 심지어 몰매 맞아 죽을 수도 있는 상황에서 나온 말이었습니다. 바울은 이런 상황에서 '주 예수를 믿는다'고 하는 성도에게 로마서를 쓴 것입니다.

누구나 예수님을 그리스도로 영접하면 거듭납니다. 거듭난다는 것은 죄로 말미암아 죽었던 우리의 영이 다시 살아나는 것을 의미합니다. 바울은 그것을 속사람(롬 7:22)이라고 합니다.

갓 태어난 속사람은 매우 연약합니다. 반면에 태어나면서부터 우리 안에서 왕 노릇 해 왔던 육적 본성(옛사람)은 거의 우리의 모든 삶의 영역을 다스려 왔습니다. 우리는 오랫동안 그에게 길들여져 있습니다.

태어나기도 전에 우리의 죄성은 이미 유전자에 인식되어 있습니다. 그래서 우리는 속사람보다는 옛사람을 자기 자신으로 인식하고, 외부의 어떤 자극에 대해 습관적으로 죄 된 본성을 따르게 됩니다. 그래서 사도 바울은 자기 내부의 이런 상태에 대해 이렇게 절망적으로 절규합니다.

> 오호라 나는 곤고한 사람이로다. 이 사망의 몸에서 누가 나를 건져내랴(롬 7:24).

아무리 주의 말씀을 따라 살려고 해도 자기 안에 있는 죄 된 본성을 스스로의 힘으로 다스릴 수 없었던 것에 대한 처절한 고통을 그렇게 표현한 것입니다.

하나님께 자기의 삶을 올인했던 그 위대한 사도조차 자신의 죄성과 처절하게 싸워야 했던 것이지요. 거듭난 그리스도인이라면 대부분 이러한 고통을 경험했거나 아니면 지금도 경험하고 있을 것입니다.

7장 마지막 절에서 바울은 체념하듯이 이렇게 결론을 내립니다.

> 우리 주 예수 그리스도로 말미암아 하나님께 감사하리로다. 그런즉 내 자신이 마음으로는 하나님의 법을 육신으로는 죄의 법을 섬기노라(롬 7:25).

만일 로마서가 7장까지만 기록되었다면 우리는 예수님을 믿으면서도 참 고통스럽고 불행한 삶을 살아야 했을 것입니다.

그런데 얼마의 시간이 흘렀을까?
바울은 놀라운 선언을 합니다.

> 그러므로 이제 그리스도 예수 안에 있는 자에게는 결코 정죄함이 없나니 그리스도 예수 안에 있는 생명의 성령의 법이 죄와 사망의 법에서 너를 해방하였음이라(롬 8:1-2).

 자신의 내부에서 죄 된 본성과 치열하게 싸우던 사도 바울은 어느 날, 성령의 권능으로 말미암아 자기를 누르고 있었던 옛사람에서 해방되는 놀라운 경험을 합니다. 생명의 성령의 법이 죄와 사망의 법을 삼켜 버린 것입니다.
 할렐루야!
 성령이 아니고서는 결코 이것을 경험할 수가 없습니다.
 실질적으로 거듭나고 성령이 우리 안에 오신 후부터, 우리 내부에서는 영적 싸움이 계속적으로 일어납니다. 이 싸움은 우리가 예수님과 같은 영화로운 몸을 입는 그날까지 지속될 것입니다. 사탄이 환경을 통해서 우리의 본성을 계속 자극하기 때문입니다.

그러나 깨어 있는 사람은 자기 안에서 육적 본성(교만, 불신, 분노, 두려움, 슬픔, 낙심, 우울, 음란 등)이 일어나고 있는 것을 인식할 수 있습니다. 그래서 그 죄성을 부인하고, 성령을 의지하여 속사람의 성품(겸손, 믿음, 사랑, 평안, 기쁨 등)을 따라 반응합니다.

만일 어떤 상황에서 마음에 분노가 일어나면, 그것이 죄 된 본성으로 말미암은 것임을 자각하고 분노를 무시합니다. 그리고 곧 성령(속사람)을 따라 온유함으로 반응합니다.

우리가 습관적으로 반응하던 것을 멈추고 의지적으로 말씀에 순종하려 할 때 성령께서도 우리를 도우십니다. 이것이 나를 그리스도와 함께 십자가에 못 박고 새로운 피조물 되어 살고 있는 사람의 모습입니다.

2. 사도 요한이 말한 심판의 의미

이번에는 한번 구원은 영원 구원이라고 주장하는 이들이 근거로 삼는 요한복음 5:24 말씀에 대해 정말 그런지 살펴보겠습니다.

> 우리가 믿을 때에 영생을 얻었고 심판에 이르지 아니 하나니 사망에서 생명으로 옮겼느니라(요 5:24).

그들은 이 말씀에 근거하여 어떤 경우에도 우리가 한번 예수님을 영접하면 심판(지옥)은 없다고 말합니다.

믿을 때에 영생을 얻었고 이미 사망에서 생명으로 옮겼다고 과거완료형으로 말하고 있기 때문에 한번 예수님을 영접하면 심판을 받을 일이 없다는 것입니다.

이 구절만 떼어 놓고 보면 맞는 말 같습니다만 과연 사도 요한이 그 같은 의미로 말했을까요?

사도 요한이 심판을 어떤 뜻으로 말하고 있는지 그와 유사한 표현의 다른 구절을 보겠습니다.

> 그를 믿는 자는 심판을 받지 아니하는 것이요 믿지 아니하는 자는 하나님의 독생자의 이름을 믿지 아니하므로 벌써 심판을 받은 것이니라(요 3:18).

위의 두 구절은 모두 사도 요한이 말씀한 것입니다.

이 두 구절을 살펴볼 때 요한이 말하고 있는 심판은 우리가 일반적으로 이해하고 있는 영원한 심판과는 그 의미가 다른 것을 알 수 있습니다.

요한이 말하는 바는 믿는 자는 지금 믿고 있기 때문에 심판을 면한 상태이고, 그리스도를 믿지 않는 자는 지금 믿지 아니함에 머물러 있으므로 심판을 받은 상태에 있다는 것입니다. 왜냐하면, 그리스도를 믿는 자는 지금 빛 가운데 살고 있고, 믿지 않는 자는 어둠 가운데 있기 때문입니다.

빛은 하나님의 왕국(천국)의 본질이고, 어둠은 지옥의 본질입니다. 빛에 거하는 사람은 이미 영적으로 천국 시민이고, 어둠에 있는 사람은 이미 지옥 백성이라는 것입니다.

믿는 자가 사망에서 생명으로 이미 옮겨졌기 때문에 앞으로 계속 불순종해도 심판에 이르지 않는다고 해석한다면, 상대적으로 믿지 않아서 심판을 받은 자들은 이미 영원한 심판으로 들어갔기 때문에 다시는 구원받을 기회가 없음을 의미합니다. 말이 되지 않습니다.

그러므로 지금 믿지 않음으로 심판 아래에 있는 자들이 마음을 돌이켜 회개하고 주를 믿으면 그는 사망에서 생명으로 옮겨지는 것처럼, 믿는 자가 악을 행하며 그 마음이 주님을 떠나면, 그도 영생을 잃어버릴 수 있는 것입니다. 이는 구약 시대에도 마찬가지였습니다.

> 가령 내가 의인에게 말하기를 너는 살라라 하였다 하자 그가 그 공의를 스스로 믿고 죄악을 행하면 그 모든 의로운 행위가 하나도 기억되지 아니하리니 그가 그 지은 죄악으로 말미암아 곧 그 안에서 죽으리라 가령 내가 악인에게 말하기를 너는 죽으리라 하였다 하자 그가 돌이켜 자기의 죄에서 떠나서 정의와 공의로 행하여 저당물을 도로 주며 강탈한 물건을 돌려 보내고 생명의 율례를 지켜 행하여 죄악을 범하지 아니하면 그가 반드시 살고 죽지 아니할지라 그가 본래 범한 모든 죄가 기억되지 아니하리니 그가 반드시 살리라 이는 정의와 공의를 행하였음이라 하라(겔 34:13-16).

하나님의 백성은 거룩해야 합니다. 하나님이 거룩하시기 때문에 죄를 용납하지 않으십니다. 우리는 하나님과 이스라엘 백성의 관계에서 분명하게 그것을 볼 수 있습니다. 하나님은 자비와 긍휼로 자기 백성 이스라엘을 그 종 되었던 곳에서 구원하셨고 사랑으로 그들을 가나안까지 인도하셨습니다.

그들의 마음이 주님을 떠나 죄 가운데 있을 때에 하나님은 선지자들을 보내서 그들이 죄에서 돌이키기를 설득하고 또 설득하며 오래 기다리셨지만, 그들이 끝내 돌이키지 않았기 때문에, 이방 나라들을 통하여 그들을 심판하셨습니다.

이스라엘 자손이 가나안에 들어가기 전에 그 땅은 가나안의 일곱 족속이 차지하며 살고 있었습니다. 그런데 그들의 죄악으로 말미암아 하나님께서는 가나안 족속들을 쫓아내고 그 땅을 이스라엘 백성에게 주셨습니다(레 18:26-30). 이스라엘 자손을 통해 가나안의 일곱 족속을 심판하신 것입니다(창 15:16).

그리고 세월이 흘러 이스라엘 족속이 가나안 족속과 같은 죄를 범함으로 말미암아 이스라엘 족속도 가나안 땅에서 쫓겨나 나라를 잃고 오랫동안 세계 가운데 흩어져 살아야만 했습니다. 공의로운 하나님입니다.

이스라엘에게 심판을 내리신 또 다른 중요한 이유는 그들이 거룩하게 구별된 삶을 살지 않으면 하나님의 백성이 될 수 없기 때문에 그들을 징계하신 것입니다(레 11:45; 히 12:14).

우리도 마찬가지입니다. 하나님께서 우리를 구원하신 후, 곧바로 천국으로 데려가시지 않는 것은 이 땅에 사는 동안 우리를 천국 시민으로 준비시키기 위함입니다(롬 8:29). 그러므로 구원의 큰 은혜를 받고도 다시 세상으로 돌아가고, 돌이키지 않는 이들에게는 하나님의 진노가 있는 것입니다.

실제로 예수님을 영으로 알기 전, 제 마음은 지옥 같았습니다. 그런데 성령께서 제 안에 오신 후에는 지옥의 고통이 사라지고 마음에 평강과 기쁨이 찾아왔습니다. 그 후 저도 오랫동안 교회에서 들어온 '한번 구원은 영원 구원'이라는 교리를 의심 없이 받아들였습니다.

그런데 그 이후 어느 시점에서 '이 정도면 되겠지'라는 영적 교만과, '나는 구원받았으니 안심이야'라는 태만한 마음으로 인해 주님과의 관계가 점점 멀어졌습니다. 마음에서는 판단, 시기, 질투, 분노가 걷잡을 수 없이 자라났고, 점점 사납고 매정해진 느낌이 들었습니다.

그러던 중에, 어느 순간에 이르러서는 지옥과 같은 마음의 고통을 이전보다 더 심하게 느꼈습니다. 당시 제 마음을 주님께 다시 돌이키는 일이 내 의지로는 불가능했습니다. 무엇이 문제인지조차 알아차리기가 힘들었습니다. 그래서 절망감을 안고 주님께 나아가 애통하며 부르짖었던 것을 기억합니다.

그 경험을 통해 받은바 은혜를 소홀히 여기는 것이 얼마나 무서운 결과를 초래하는지 알게 되었고, 주님의 은혜로 회복된 지금은 매일 매 순간 제 자신이 그리스도 안에서 행하고 있는지를 점검합니다. 받은 은혜가 클수록 사탄의 공격도 교묘하기 때문에 항상 두렵고 떨림으로 저의 구원을 이루어 갑니다.

여기까지 성경에 대한 분석적 해석과 통전적 해석의 상호 공조를 통해 구원에 대한 이해를 돕고자 했습니다. 여러분은 이 과정을 통해 과거에 한번 예수님을 믿은 것으로 그 이후에 어떻게 살든 영원히 구원이 보장된다고 하는 거짓된 이론에 더 이상 속지 않기를 바랍니다.

> 모든 사람과 더불어 화평함과 거룩함을 따르라 이것(거룩함)이 없이는 아무도 주를 보지 못하리라(히 12:14).

다음 시간에는 우리의 구원이 하나님 나라와는 어떤 관련이 있는지 알아보겠습니다.

제5장

하나님 나라와 구원의 확장

예수님의 복음 메시지는 침례 요한과 동일하게 "회개하라. 천국(하늘왕국)이 가까이 왔느니라"라는 것이었습니다('천국'이나 '하나님 나라'보다는 '하나님 왕국'이라는 표현이 더 적절하므로 이후로는 '왕국'이라는 표현을 사용하겠습니다).

1. 천국은 침노하는 자의 것

당시 이스라엘 백성들은 하나님의 왕국(kingdom)이 자기 나라에 이루어지길 몹시 기다리고 있었습니다. 주변의 강대국들 틈에서 4백여 년을 고통당해 온 이들은 하나님께서 약속하신 메시아, 다윗과 같이 강력한 왕이 일어나

이방 나라들을 누르고 태평성대를 가져오기를 기다렸던 것입니다. 예수님께서는 그러한 이스라엘 백성의 눈높이에 맞추어 복음을 전하기 시작하셨습니다.

모세의 때부터 오리라 예언되었던 메시아, 그들이 그렇게도 기다렸던 그리스도, 기름 부음 받은 왕이 그 땅에 오셨습니다. 그러나 그들은 자기들의 왕, 오리라 예언되었던 그리스도를 알아보지 못했습니다. 성경의 진리를 반쪽만 알았기 때문입니다.

성경에서 다윗이 메시아의 고난을 예언하였고(시 22편), 이사야 선지자도 고난받는 그리스도를 소개하고(사 53장) 있지만, 이스라엘 지도자들은 자기들이 듣고 싶은 것만 들었습니다. 그래서 주님의 뜻을 이해하지 못했습니다.

이스라엘의 왕으로 오신 예수님의 사역은 세상 통치자로 오시기 전, 먼저 고난을 당하시고 우리 마음에 영으로 오셔서 우리를 통치하시는 것이었습니다. 예수님을 구주로 영접하고 성령이 우리 안에 오시면 우리 안에 하나님 왕국이 임한 것입니다.

그 왕국의 시작은 매우 미미합니다. 그래서 어떤 이들은 자기 안에 하나님의 나라가 임한 사실조차 인식하지 못할 수도 있습니다.

구원을 이루어 가는 과정은 우리 안에서 하나의 씨앗처럼 작게 시작된 하나님의 왕국이 점차 왕성하게 확장되는 것과 같습니다. 왕국의 확장은 우리 내부 안에서 일어나는 것과 우리 외부로의 확장, 이 두 가지 모두 해당됩니다.

확장성의 원리는 양쪽이 동일합니다. 왕국의 확장에 대하여 예수님은 이렇게 말씀하십니다.

> 침례 요한의 때부터 지금까지 천국(하나님의 왕국)은 침노를 당하나니 침노하는 자는 빼앗느니라(마 11:12, 개역개정).

다른 버전을 봅니다.

> 침례자 요한의 시대로부터 지금까지 하늘의 왕국은 폭력을 당하며 폭력배들이 강제로 그것을 빼앗느니라(마 11:12, 킹제임스 흠정역).

어떤 이들은 킹제임스 버전을 근거로 위의 구절을 이렇게 말합니다.

> 천국을 침노하는 자들은 하나님의 왕국을 강제로 빼앗으려는 폭력배들이다. 그리고 이 폭력배들은 바로 사람들이 천국에 들어가지 못하도록 천국 문을 막고 폭력을 행사한 바리새인들이다.

이것은 위의 구절을 '한번 구원은 영원 구원'이라는 프레임을 가지고 해석하려다 발생한 어처구니없는 말입니다. 이들의 생각으로는 하나님 왕국(구원)은 단지 은혜로 받는 것이기 때문에 천국을 침노해서 빼앗는다는 말씀을 받아들일 수 없는 것입니다. 그들의 교리와 많지 않으니까 해석을 자기 멋대로 하는 것입니다.

예수님께서 이 구절을 통해 말씀하시려는 것은, 구원받은 후 하나님의 왕국이 이미 임한 사람에게 일어나야 하는 왕국의 확장성입니다. 우리 안에 하나님의 왕국이 임한 것으로 충분하지 않습니다. 구원받은 자들은 이제 자기 안에서 시작된 그리스도의 왕국을 온전히 이루기 위해 힘써 싸워야 한다는 것입니다.

우리는 이스라엘의 가나안 정복 과정을 통해 예수님께서 말씀하신 이 왕국의 확장성을 보다 분명히 이해할 수가 있습니다.

이스라엘 족속을 출애굽시킨 모세는 가나안 땅에 들어가지 못하고 모압 땅에서 죽음을 맞이합니다. 죽기 전 그는 여호수아에게 리더십을 이양합니다. 여호수아는 히브리식 이름으로 '예슈아'입니다. 예수와 같은 뜻으로 그는 신약의 예수님을 상징합니다.

이스라엘 족속은 여호수아와 함께 믿음으로 요단강을 건너고, 여리고성을 정복하고, 또 계속하여 가나안 땅의 원주민들을 몰아내며 점점 그 영역을 확장해 갑니다. 이 과정은 마치 예수 그리스도를 왕으로 모신 우리가 주님과 함께 옛사람으로 길들여져 있는 우리 자신의 삶의 영역들을 하나하나 하나님 왕국의 패턴으로 변화시켜 가는 모습과 같습니다.

가나안의 원주민(일곱 족속)은 우리가 예수님을 구주로 영접하기 전, 아담 때부터 불순종으로 인하여 우리 안에 자리 잡고 있으면서 우리 삶의 영역들을 통제하고 지배해 온 악한 영들에 비유됩니다.

여호수아가 죽은 후, 이스라엘이 두려움으로 원주민과의 싸움을 그치고 안주해 버렸을 때는 원주민으로부터 역공을 받아 그들의 종이 되기도 했습니다. 사사기 때에 이기고 지는 싸움이 반복적으로 일어나다가 다윗과 솔로몬 때에는 그 족속들을 모두 정복하고 이스라엘 나라의 전성기를 맞이합니다.

다윗은 하나님께서 아브라함에게 주리라고 약속하셨던 그 땅(나일강에서 유프라테스강까지?)을 모두 회복하고, 그 나라의 왕들을 자기 수하에 복종시키고 조공을 받습니다. 다윗의 통치가 확장됨에 따라 하나님의 영광이 이방 나라에까지 미치게 됩니다. 이는 다윗이 철저히 하나님을 왕으로 섬기며 믿음으로 이웃 왕들을 쳐서 복종시켰기 때문입니다.

하나님 나라는 저절로 얻어지는 것이 아니라 이렇게 믿음의 선한 싸움을 통해 대적이 차지하고 있는 영역들을 침노해서 빼앗아 늘려 가는 것입니다. 그런데 만일 싸움에서 뒤로 물러나게 되면 멸망당하게 됩니다.

> 우리는 뒤로 물러가 멸망할 자가 아니요 오직 영혼을 구원함에 이르는 믿음을 가진 자니라(히 10:39).

또 예수님께서는 하나님 왕국의 비밀에 관한 것을 씨를 뿌린 땅에 비유하여 말씀합니다. 씨가 길가에 뿌려진 경우, 돌밭에 뿌려진 경우, 가시떨기 사이에 뿌려진 경우,

그리고 좋은 땅에 뿌려진 경우입니다.

이 네 종류의 밭 중에서 30, 60, 100배의 열매를 맺는 땅은 좋은 땅뿐입니다. 땅은 마음 밭을 의미합니다. 예수를 그리스도로 믿는 자들에게는 마음에 그리스도의 왕국이 임합니다. 그리스도께서 나의 왕으로 오신 것입니다. 왕은 통치의 개념입니다. 누가 나를 다스리느냐는 것입니다.

이전에는 내가 주인이 되어 나의 삶을 다스렸으나 주님이 오심으로 내 삶의 주권을 그분께 내어 드리는 것입니다. 내 삶의 주권을 주님께 내어 드리는 정도에 따라 하나님의 왕국은 확장됩니다. 내가 죽고 주권을 주님께 온전히 내어 드리기에 이르면 이로써 내 삶의 모든 영역에 하나님의 왕국이 이루어지고 나아가 내 존재를 넘어 이웃으로 확장되는 것입니다.

그러나 그 안에 예수님이 계실지라도 마음의 죄(교만, 불신, 걱정, 두려움, 욕심, 음란 등)로 인하여, 마음 밭이 굳어져 있거나 돌짝 밭이거나 가시덤불로 뒤덮인 마음 밭이라면, 말씀을 읽거나 들어도 자기에게 유익이 되지 못하고 그의 삶 속에서 열매를 기대할 수가 없을 것입니다. 마귀에게 지배받고 있기 때문입니다.

하나님의 왕국은 계속해서 확장하고, 성장하는 속성이 있습니다. 성장이나 확장이 멈추는 순간부터 문제가 발생합니다. 겨자씨와 누룩의 비유에서도 볼 수 있듯이 하나님의 왕국은 우리 안에서 아주 작게 시작되지만 시간이 흐름에 따라 점점 크게 성장하는 것이 정상입니다.

> 또 비유를 들어 이르시되 천국은 마치 사람이 자기 밭에 갖다 심은 겨자씨 한 알 같으니 이는 모든 씨보다 작은 것이로되 자란 후에는 풀보다 커서 나무가 되매 공중의 새들이 와서 그 가지에 깃들이느니라 또 비유로 말씀하시되 천국은 마치 여자가 가루 서 말 속에 갖다 넣어 전부 부풀게 한 누룩과 같으니라(마 13:31-33).

외적으로도 그리스도의 왕국은 세상 나라들을 불법적으로 차지하고 있는 악한 원수 마귀와 계속 싸우는 과정에 있습니다. 힘써 싸워서 영토를 점점 확장해야 합니다. 태만하거나 안주하려는 태도는 왕국 백성으로 합당한 자세가 아닙니다. 만일 초대 교회 성도들이 그들에게 왕국이 임한 것으로 만족하고 그것을 확장하려 하지 않았다면 오늘날 우리는 복음의 수혜자가 되지 못했을 것입니다.

요한계시록 3장에서는 예수님께서 소아시아의 일곱 교회에 대해 칭찬과 책망의 말씀을 하시는데, 일곱 교회 모두에게 공통적으로 하시는 말씀이 있습니다.

그중 하나는 "성령이 교회들에게 하시는 말씀을 들을지어다"이고 또 다른 하나는 "이기는 자가 되라"는 말씀입니다. "이기는 자에게는 내가 생명나무 열매를 주어 먹게 하고, 둘째 사망의 해를 받지 않게 하고, 또 생명책에서 결코 지우지 않겠다"고 말씀하십니다.

그러면 반대로 유혹과 핍박에서 넘어진 이들은 어떻게 되겠습니까?

그 반대의 결과를 얻게 될 것입니다.

요즘 세상에서 일어나고 있는 일들을 보면 이제 주님께서 다시 오실 날이 머지않은 것 같습니다. 마귀는 온갖 미혹과 핍박으로 우리 그리스도인들을 삼키려 하고 있습니다. 승리의 면류관은 이기는 자들을 위한 것입니다. 지는 자들은 구원의 완성을 볼 수 없습니다. 이것이 하나님의 말씀, 창세기에서 계시록까지 분명히 말하고 있는 구원관입니다.

우리가 미혹에 빠지지 않기 위해서는 성령의 도우심을 구하며 성경을 체계적으로 읽고 공부할 필요가 있습니다.

또 어떤 설교나 강의를 들을 때는 베뢰아 교회의 성도들처럼 과연 그것이 그러한지 성경을 통해 확인해 보는 습관을 갖는 것이 매우 중요한 것 같습니다.

유명한 분의 설교나 주석들이 성경을 읽고 연구하는 이들에게 매우 도움이 됩니다만 때로는 중요한 부분에서 잘못된 해석을 내놓기도 하기 때문입니다. 성경 말씀을 사랑하고 성령님의 비췸을 받고 매일 자신을 새롭게 함으로 이기는 자가 되기를 축복합니다.

2. 마음이 굳어지지 않게 하라

몸 된 교회 안에 왜 이런 엄청난 오류가 있었던 것일까요?

아무리 진리를 말해도 듣지 않으려 하거나, 듣기는 들어도 깨닫지 못하는 자들이 있다고 성경은 말씀합니다. 전자에 해당하는 이들의 경우, 자신이 누구보다도 성경을 잘 알고 있다고 생각하는, 마음이 교만한 사람들입니다.

후자는 그들의 마음이 이미 세상 것에 미혹되어 있어서, 보아도 보지 못하고 들어도 듣지 못하는 영적으로 소경이 되고 귀머거리가 된 사람들입니다.

하나님께서는 이러한 '두 부류의 종교인'들을 향해 선지자 이사야를 통하여 이렇게 말씀하십니다.

> 여호와께서 이르시되 가서 이 백성에게 이르기를 너희가 듣기는 들어도 깨닫지 못할 것이요 보기는 보아도 알지 못하리라 하여 이 백성의 마음을 둔하게 하며 그들의 귀가 막히고 그들의 눈이 감기게 하라 염려하건대 그들이 눈으로 보고 귀로 듣고 마음으로 깨닫고 다시 돌아와 고침을 받을까 하노라 하시기로(사 6:9-10).

전에는 이 말씀이 이해가 되지 않았습니다.

좀 이상하지 않나요?

'이스라엘 백성이 죄를 깨닫고 다시 돌아오는 것'을 하나님께서 싫어하시다니, 이해하기가 어렵습니다.

하나님께서 '자기 백성'을 향하여 이렇게 말씀하신 이유는 그들의 지속적인 불순종과 악함 때문이었습니다. 선지자들을 보내서 악한 길에서 돌이키라고 수도 없이 경고하셨지만 그들은 들으려 하지 않았고, 듣고도 무시해 버리거나 아예 말을 하지 못하도록 하나님의 선지자들을 잡아 가두거나 죽였습니다.

그래서 하나님께서는 그들을 포기하시고 심판을 내리기로 작정하셨던 것입니다. 그들이 하나님께 돌아오고자 할지라도 이제는 돌이킬 기회를 주지 않으시겠다는 '무서운 심판의 메시지'입니다.

하나님은 자비와 긍휼이 풍성하십니다. 측량할 수 없는 사랑과 은혜로 우리를 구원해 주셨습니다. 그리고 그 은혜와 사랑에 신실하게 반응하며 따르는 자들에게 한없는 복을 주시며 그들의 삶을 끝까지 책임져 주십니다. 그러나 이미 받은 구원의 큰 은혜를 소홀히 여기고 다시 세상으로 돌아간 자들에 대하여는 진노 또한 클 것입니다.

어떤 이들은 이렇게 질문합니다.

그러나 진실로 구원받은 사람, 그 은혜를 아는 사람이 하나님을 거역할 수 있을까요?

네, 얼마든지 그럴 수 있다고 생각합니다.

그렇게 은혜를 쉽게 잊어버리는 것이 흙으로 지음 받은 저와 여러분입니다. 멀리 갈 것도 없이 우리 자신의 마음을 들여다 보십시오, 얼마나 교활하고, 교만하고, 이기적이고, 탐욕적이고, 부패한 본성을 가졌는지, 사실 순간 순간 튀어 나오는 이러한 부패한 본성들과 치열하게 싸워 보지 않은 사람들은 어쩌면 영적 감각이 위험할 정도로 무디어져 있다는 신호입니다.

성경의 모든 책에서 그것을 증언합니다. 아담부터 시작해서, 셋의 후손들, 노아의 후손들, 광야에서 이스라엘 백성들, 가나안 땅의 이스라엘 백성들, 엘리 제사장의 아들들, 왕들과 제사장들 그리고 심지어 한때 다윗조차도, 앞서 우리가 살펴보았던 대로 이스라엘의 전 역사는 그야말로 불순종과 거역의 역사였습니다.

하나님께서 구약의 이러한 아름답지 못한 사건들을 기록하게 하신 것은, 후 세대들에게 경고와 교훈을 삼게 하려는 것입니다.

이것을 간파한 사도 바울은 빌립보 교회에게 말합니다.

> 내가 그리스도와 그 부활의 권능과 그 고난에 참여함을 알고자 하여 그의 죽으심을 본받아 어떻게 해서든지 죽은 자 가운데서 부활에 이르려 하노니 내가 이미 얻었다 함도 아니요 온전히 이루었다 함도 아니라 오직 내가 그리스도 예수께 잡힌 바 된 그것을 잡으려고 달려가노라 형제들아 나는 아직 내가 잡은 줄로 여기지 아니하고 오직 한 일 즉 뒤에 있는 것은 잊어버리고 앞에 있는 것을 잡으려고푯대를 향하여 그리스도 예수 안에서 하나님이 위에서 부르신 부름의 상을 위하여 달려가노라(빌 3:10-14).

또 이렇게 말합니다.

> 내가 내 몸을 쳐 복종하게 함은 내가 남에게 전파한 후에 자신이 도리어 버림을 당할까 두려워함이로다(고전 9:27).

위 구절들은 하늘에서 받을 상급에 관한 것이 아닙니다. 바울은 자신이 복음대로 살지 못함으로 인하여 저주를 받을까봐 실제로 두려워했다고 말합니다.

'자신의 마음이 교만해져서 행여라도 주님을 배반하게 되지는 않을까', '자기도 모르는 사이에 마음이 굳어져서 부지중에라도 주님을 부인하는 죄를 범하지 않을까' 두려워했던 것입니다.

바울은 주님으로부터 받은 큰 은사와 능력과 그가 떨친 명성으로 말미암아, 교만하여 타락하기 쉬운 처지에 있었습니다. 그러나 늘 하나님을 두려워함으로 자신의 마음을 지켰습니다. 저는 사도 바울의 위대함이 바로 그러한 태도에 있었다고 생각합니다. 그는 믿음을 부서질 수 있는 배에 비유하여 이렇게 말합니다.

> 믿음과 착한 양심을 가지라 어떤 이들은 이 양심을 버렸고 그 믿음에 관하여는 파선하였느니라(딤전 1:19).

히브리서 기자도 이렇게 말합니다.

> 오직 오늘이라 일컫는 동안에 매일 피차 권면하여 너희 중에 누구든지 죄의 유혹으로 완고하게 되지 않도록 하라. 우리가 시작할 때에 확신한 것(믿음)을 끝까지 견고히 잡고 있으면 그리스도와 함께 참여한 자가 되리라(히 3:13-14).

다시 말해서 믿음과 구원은 항상 현재적이어야 합니다. 믿음으로 구원받은 사람은 그 믿음 안에서 계속 걸음으로써 점점 그리스도를 닮아 가고 그분의 날에 완전한 구속을 받는 것입니다.

본서는 사람의 지식이나 지혜에서 나온 것이 아닙니다. 실패와 넘어짐의 경험을 통해 성령님으로부터 가르침을 받은 것입니다.

우리 그리스도인들은 저마다 하늘로 향한 사다리를 오르고 있습니다. 다만 어떤 이들은 위로부터 내려온 안전한 사다리를 오르고 있지만, 또 다른 많은 사람은 땅에서 하늘을 향해 세운 불안정한 사다리를 오르고 있습니다.

여러분은 어느 쪽입니까?

사실 지금까지 제가 설명한 교리적인 지식은 우리의 삶에서 구원을 이루는데 어쩌면 크게 중요하지 않습니다. 진리를 알고도 말씀에 불순종하는 것보다 잘 몰라도 순종하는 것이 더 중요하기 때문입니다.

제가 존경하는 목회자 중에는 하나님의 은혜를 깊이 체험하고 진리 안에서 살고 있지만 한번 구원은 영원 구원이라고 굳게 믿는 분들이 더러 계십니다. 그분들의 성품과 삶의 모습은 매우 고귀합니다. 저는 그분들보다 인격적으로나 영적으로 매우 빈약합니다. 그래서 본서를 출판하려는 데 주저함이 좀 있었습니다.

그런데도 본서를 내놓게 된 것은 오늘날 많은 사람이 이렇게 생각하기 때문입니다.

"나는 예수님을 진실로 믿고 구원받았습니다. 한동안 그 은혜에 감격하였고 지금도 주님을 사랑하지만 세상이 주는 부귀영화에 마음이 더 끌립니다. 주님께 조금은 죄송하지만 감사하게도 나는 이미 구원받았습니다. 어차피 당신이나 나나 세상 속에서 살고 있는데 어떻게 사람이 말씀대로만 삽니까. 적당히 믿읍시다"라고 말하면서 단 말씀은 받고 쓴 말씀은 등 뒤로 던져 버립니다.

그럴지라도 그는 한량없는 주의 은혜로 이미 구원받은 사람이니 안심입니다. 나중에 천국에서는 상급 좀 적게 받으면 된다고 생각합니다. 슬프게도 너무나 많은 사람이 이 상태에 머물러 있는 것을 봅니다.

'한번 구원은 영원 구원' 교리의 치명적인 문제는 바로 이런 무지한 사람들에게 면죄부를 주고 있다는 것입니다.

그렇다면 우리는 주님을 만날 때까지 구원의 확신을 가질 수 없을까요?

그렇지 않습니다. 우리는 이미 예수를 믿음으로 말미암아 구원을 받았고, 지금도 주님과 함께 살고 있습니다. 비록 연약해서 실수하고 죄를 짓기도 하지만 그때마다 회개하고 자유를 얻습니다. 예수님이 다시 오시면 우리는 주님처럼 영화로운 몸을 입고 영원히 주님과 함께 살 것입니다. 이것이 구원의 확신입니다. 그러므로 우리는 '지금 구원받은 상태에 있음'을 항상 점검할 필요가 있습니다. 구원은 언제나 현재적이기 때문입니다.

그리고 구원받은 자에게는 반드시 성령이 오십니다. 그는 성령의 능력으로 옛 습관을 버리고, 죄를 이기며, 영으로 인도함을 받습니다. 그리스도인에게 행위가 중요한 이유는 그 행위의 열매로 그가 육체를 따라 사는지 성령을 따라 사는지 알 수 있기 때문입니다. 그래서 행위는 심판의 근거가 됩니다. 이것은 행위론을 말하는 것이 아닙니다.

갈라디아서 5:16-24는 정욕으로 말미암는 육체의 행위와 성령의 열매들에 대해 자세히 열거하고 있습니다.

여러분은 어떤 열매들을 맺고 있습니까?

여러분이 육체의 사람인지, 아니면 성령의 사람인지 각자 체크해 보기를 권합니다. 이것은 매우 중요합니다.

바울은 또 에베소 성도에게 이렇게 말합니다.

> 너희도 정녕 이것을 알거니와 음행 하는 자나 더러운 자나 탐하는 자 곧 우상 숭배자는 다 그리스도와 하나님의 나라에서 기업을 얻지 못하리니 누구든지 헛된 말로 너희를 속이지 못하게 하라(엡 5:5-6).

바울은 에베소 교회의 구원받은 성도들에게 '음행이나 탐욕 가운데 살다가 망하지 않도록 조심하라'고 말합니다. 우리는 여기서 특별히 '탐욕'에 주의할 필요가 있습니다. 골로새서(3:5)에서도 탐심은 우상 숭배입니다. 그런데도 많은 사람이 이것을 죄로 여기지 않습니다.

그래서 유산 상속으로 말미암아 형제들과 원수가 되기도 하고, 자기는 잘 먹고 자녀들을 해외 유학까지 보내면서도 연로하신 부모님께 생활비 보조하는 것조차 너무 인색합니다. 매사에 조금도 손해 보지 않으려고 합니다.

탐욕적인 사람은 하나님도 형제도 결코 사랑할 수 없습니다. 오직 자신만을 사랑할 뿐입니다. 그러므로 탐심은 우상 숭배입니다.

우리는 이러한 죄성을 우리 힘으로는 이길 수 없습니다. 그러나 내 안에 오신 성령께서 그것이 죄임을 가르쳐 주실 때, 진실로 주를 사랑하는 사람은 자신의 본성을 거스르고 주의 뜻에 순종합니다. 사랑이 순종을 동반합니다.

우리가 용서할 수 없는 사람도 용서하고, 내쳐 버리고 싶은 사람도 용납하는 것은 그것이 나의 사랑하는 주님의 뜻이기 때문입니다. 사랑이 능력입니다. 사랑은 모든 계명의 완성입니다.

제2부

복음 그리고 나

제1장 우주와 생명의 기원
제2장 나는 누구인가
제3장 낙원의 상실과 회복
제4장 창조의 완성

제1장

우주와 생명의 기원

　어린시절부터 저는 수 년 동안 삶의 의미를 찾아 헤맸습니다.

　사람은 어디서 왔을까?
　왜 사는 것일까?
　죽으면 어디로 갈까?
　그리고 이 세상은 어떻게 생겨났을까?

　이런 의문들이 꼬리를 물고 찾아와 한순간도 거기서 해방될 수가 없었습니다.
　왜냐하면, 어린 시절 저의 눈에 비친 사람들의 삶의 모습은 그저 먹고, 마시고, 일하고, 자고 그리고 어느 날 병

들어 죽는 것이 전부인 듯, 산다는 것이 너무 공허하고 무의미해 보였기 때문입니다. 그러나 그것이 무엇인지는 모르겠지만 삶에는 내가 알고 있는 것 이상의 어떤 것이 있을 것이라는 생각이 들었습니다.

그래서 청소년 시절에는 갖가지 묵상집들과 철학서적들을 찾아 읽어 보았지만 그 어느 곳에서도 시원한 대답을 얻지 못했습니다.

'사람은 왜 사는가'라는 질문 앞에 철학자들은 한결같이 '왜 사느냐고 묻지 마라, 그냥 사는 것이다'라고 대답합니다. 그 이유는 그들 중 누구도 거기에 대해 해답을 줄 수 없기 때문입니다. 하나님을 인격적으로 만난 후에야 비로소 삶의 의미와 기쁨을 얻게 되었습니다.

진정한 삶의 의미는 존재의 근원 되시는 창조주 하나님을 아는 것에서 시작됩니다. 하나님은 알면 알수록 신비롭고 경이로우며 한없는 사랑과 따스함이 느껴집니다. 우리는 성경을 통하여 하나님이 어떤 분인지를 알 수 있습니다.

하나님은 살아 계십니다. 그러나 그분은 영이기에 우리 눈에 보이지 않습니다. 하나님께서는 자신의 존재를 우리에게 알리고 또 우리와 의사소통을 하시려고 성경을 주셨습니다.

성경은 일종의 인생사용 설명서입니다. 거기에는 온 우주와 사람을 만드신 창조주 하나님의 목적과 뜻이 담겨 있습니다. 그 말씀대로 살아갈 때 최상의 삶을 살게 됩니다.

제2부에서는 성경의 첫 번째 책 창세기의 1-3장 말씀을 통해 하나님은 누구이며 또 나는 누구인지 알아보는 시간을 갖겠습니다. 세상에 존재하는 모든 것의 근원을 바로 알 때, 우리는 비로소 진리에 근거한 자신의 정체성을 발견하게 됩니다.

자신이 누구인지 아는 것은 매우 중요합니다. 예수님 안에서 자기의 정체성이 확고한 사람은 자기 삶을 향한 분명한 가치관과 세상과 사물을 바라보는 온전한 세계관을 갖게 됩니다.

'나'라는 존재는 전 세계에서 유일하며 하나님 안에서 아주 특별한 존재임을 인식합니다. 또 내 삶은 세상의 어떤 것보다 소중함을 인식합니다. 나 외에 다른 모든 사람도 그렇게 그들 나름대로 가치 있고 존엄하게 창조된 귀한 사람들임을 인정합니다.

그러므로 타인과 자신의 모습을 비교하며 열등감에 시달리지 않습니다. 자존감이 높지만 교만하지 않습니다. 우리의 창조주 하나님 아버지께서 주신 소명을 따라 자기만의 독특한 삶을 살게 될 것이기 때문입니다.

1. 천지창조

성경 맨 첫 장, 첫 구절에서는 놀랍게도 "태초에 하나님이 천지를 창조하시니라"고 선언합니다. 하나님은 성부 하나님, 성자 하나님 그리고 성령 하나님, 이러한 세 위격으로 우리에게 자신을 계시하십니다.

그러나 세 분은 사랑 안에서 언제나 하나입니다. 그분의 본성이 사랑이기 때문입니다. 태초에 성부, 성자, 성령 하나님께서는 사랑하는 가족을 더 많이 갖기를 원했습니다. 그래서 창세기 1:26-28은 서로 이렇게 의논하신 것이라고 봅니다.

> 자, 우리가 우리의 모습과 형상을 닮은 사람을 만들자. 남자와 여자로 한 쌍을 만들어 그들에게 복을 주고 이 땅을 다스리게 하며 그들을 통해 온 땅에 우리 자녀들이 번성하게 하자.

그리고 먼저 하늘들과 땅을 창조하십니다.

태초에 그곳은 어둡고 무질서했으며 어떤 모양이나 형체도 없었고, 그 표면은 흙탕물로 뒤범벅된 상태였습니다. 그때 성령님은 물 위로 다니시며 이리 저리 살피십니다. 마치 설계사가 빌딩을 짓기 전 건축 계획을 세우며 설계도를 그리듯이 성령님께서도 우주와 만물에 대한 창조 계획을 세우신 것입니다.

하나님께서 "빛이 있으라" 하시니 빛이 생겼습니다. 빛이 어둠을 비추자 어둠이 물러가고, 흙탕물로 뒤범벅이 된 무질서한 표면이 드러났습니다.

다음으로 궁창(공중)이라는 넓고 푸르른 공간을 만들어 그것을 '하늘'이라 이름하십니다. 그리고 하늘 아래에 있는 물들을 한 곳으로 모이게 하여 그곳을 '바다'라고 부르시고, 마른 땅은 '육지'라고 했습니다. 그리하여 무질서했던 세상은 하늘과 땅 그리고 바다로 질서 정연하게 각각의 공간들이 마련되었습니다. 그러나 아직은 그 모두가 공허한 상태입니다.

이제 하나님께서 땅에게 "땅은 씨 맺는 채소와 열매 맺는 과일 나무 등 각종 식물들과 나무들을 내라." 명령하시니 그대로 되었습니다.

하늘에는 해와 달을 두어 낮과 밤을 주관하게 하시고, 또 크고 작은 별들로 하늘을 수놓아 날짜와 계절과 연한의 징조들을 나타내게 하셨습니다. 그래서 별들의 운행이나 계절의 변화가 옛날이나 지금이나 하나님께서 정하신 질서에 따라 움직입니다.

바다에는 다양한 물고기들이 번성하게 하시며 공중에는 각종 새들이 날게 하셨고, 땅 위에는 곤충과 파충류, 그리고 들짐승과 가축들도 그 종류대로 만드셨습니다.

마지막으로 하나님께서는 자기의 형상과 모양대로 사람, 한 남자와 한 여자를 만드시고 그들에게 복을 주셨습니다. 이 모든 것을 육 일 동안 그 능력의 말씀으로 만드셨고 제 칠일에는 쉬셨습니다.

2. 사탄의 계략

성경은 태초에 이미 하나님께서 하늘과 땅에 있는 모든 것들을 그 종류대로 창조했다고 말합니다. 창세기 1장에는 '그 종류대로'라는 단어를 열 번이나 반복하고 있습니다. '나무들을 그 종류대로, 새들을 그 종류대로, 물고

기들을 그 종류대로, 벌레들도 그 종류대로 …'라고 반복하여 기록하게 하신 이유를 이제 우리는 압니다.

왜냐하면, 사탄이 어떤 과학적 이론들을 통해 우주와 세계 만물들이 우연히 형성되었다고 사람들을 속이고 있기 때문입니다. 그 이론들 중 대표적인 것들로 빅뱅과 다윈의 진화론이 있습니다. 빅뱅 이론에서는 이렇게 말합니다.

태초에 아주 작은 입자가 있었는데 그 내부의 압력과 에너지, 그리고 밀도가 계속 높아지면서 팽창하다가 마침내 크게 폭발했다고 합니다. 그로 인해 큰 우주 공간이 생겨났고 폭발로 생긴 아주 작은 입자들이 미생물들로 진화했으며, 그것들이 점점 진화하여 개미나 모기 같은 아주 열등한 생물들로 진화했다고 합니다.

또 그것들이 점점 진화하여 개구리나 뱀 같은 파충류가 되고 거기서 더 진화하여 각종 네발 가진 동물들이 되었는데, 가장 진화된 단계에 있는 것이 원숭이나 침팬지라고 합니다.

그리고 우리 인간 존재는 바로 원숭이나 침팬지로부터 진화했다고 말합니다. 본래 다윈의 진화론이 먼저 나왔고 그 후에 이 진화론을 뒷받침하기 위한 우주발생론으로 빅뱅 이론이 만들어진 것입니다.

여러분은 여기에 대해 어떻게 생각합니까?

여러분의 조상을 거슬러 올라가면, 결국 여러분의 존재가 파리나 모기에서 비롯되었다는 이 우스운 이야기가 믿어집니까?

우리가 우리의 기원에 대해 무엇을 믿느냐에 따라 우리는 존귀한 하나님의 자녀가 될 수도 있고 스스로 천박하고 무가치한 존재로 전락할 수도 있습니다.

우리 기독교 안에도 이런 무신론이 교묘하게 다른 옷을 입고 들어와서 사람들을 속이는 일들이 있습니다.

실례로 제가 대학원에서 공부했을 때의 일입니다. 그 대학은 오래전 미국 선교사들에 의해 설립된 매우 전통 있는 학교입니다. 당시에는 미국인 선교사들도 더러 교환교수로 있었고 그 대학교수들은 모두 그리스도인이었습니다.

사회학개론 시간이었습니다. 담당 교수는 학생들에게 매우 인정받는 분이었고 기독교ㅇㅇ연구소 소장으로서 학생들과 교제를 많이 하는 편이었습니다. 저도 처음에는 그분을 따르게 되었는데 언제부턴가 사상이 좀 의심이 가기 시작했습니다. 그분은 종종 노자나 도가사상을 말하며 기독교의 편협함을 꼬집곤 했습니다.

그러던 중 어느 수업 시간에 이런 말을 했습니다.

"이 세상에서 가장 소중한 것은 생명입니다. 만물에는 다 생명이 있습니다. 새들도 꽃들도 나무도 곤충도 심지어 사물에도 생명이 있고 그 생명의 가치는 모두 동일합니다. 그러므로 우리는 모든 생명을 존중해야 합니다."

그 말이 매우 그럴듯해 보였고 학생들은 모두 침묵하고 있었습니다. 그런데 저의 속에서는 분노가 솟아 올라와서 손을 들어 질문했습니다.

"교수님, 모든 생명은 하나님으로부터 왔고 또 모든 생명이 귀중하다는 말씀은 이해합니다.

그런데, 교수님의 생각은 사람이나 동물이나 식물들의 생명의 가치가 모두 동일하다는 것입니까?"

"네, 그렇습니다."

그분이 대답했습니다.

"그래요?"

"교수님, 저는 이 손바닥으로 눈 하나 깜박이지 않고 파리나 모기를 때려잡습니다.

그럼 저는 교수님이 보시기에 살인자나 다름없겠네요?

그 반대로 홍기로 사람을 마구 죽이는 사람은 사람 목숨이나 파리 목숨이 같으니 별 죄책감을 느끼지 않아도 되겠네요?

이것이 교수 님이 말씀하시는 생명존중 입니까?"

그분은 성경과 하나님을 말했지만 실상은 하나님의 말씀을 믿지 않는 범신론자였습니다.

만일 하나님께서 치밀한 계획 가운데 세상을 창조하지 않았다면 어떻게 태초부터 지금까지 우주와 만물들이 이렇게 질서 있고 조화롭게 유지될 수 있을까요?

만물을 만드시고 지금도 그 만물들을 붙들고 계신 분이 있기 때문입니다(히 1:3).

다윈의 주장처럼 만일 생물들이 저절로 생겨나 오랜 세월에 걸쳐 보다 고등 동물로 진화한 것이라면 오늘날 우리는 진화의 중간단계에 있는 생물들을 다방 면에서 목격할 수 있어야 합니다.

그러나 여러분의 친척이나 가족 중에 원숭이와 비슷하게 생겼다거나 또는 인간에서 진화된 어떤 탁월한 존재를 보신 적 있습니까?

사람은 어제나 오늘이나 항상 사람일 뿐이며 원숭이는 언제나 원숭이일 뿐입니다.

그렇다면 하나님께서는 무엇을 위하여 이 지구를 이렇게 아름답게 만드셨을까요?

하나님이 만드신 피조물 중에서 가장 으뜸은 무엇일까요?

네, 사람입니다. 우리 사람을 위해서 땅의 모든 것들을 치밀하게 만드셨습니다. 우리 인간은 하나님께서 어쩌다 만든 여러 생물 중의 하나가 아니라는 것입니다.

성경은 이렇게 말합니다.

> 하늘들을 창조한 {주}가 이같이 말하노라. [하나님]은 친히 땅을 조성하고 만들며 견고하게 하였으되 땅을 헛되이 창조하지 아니하고 사람이 거주하도록 조성하였느니라. 나는 {주}니라. 나 외에 다른 이가 없느니라(사 45:18, 킹제임스 흠정역).

사람은 진화론이 말하는 것처럼 우연히 아무렇게 생겨난 허무하고 무가치한 존재가 아닙니다. 하나님께서는 우리가 행복하게 살 수 있도록 세심한 배려 가운데, 이 세상의 모든 것을 만드셨습니다.

이 세상에는 빅뱅이나 다윈의 진화론처럼 하나님의 말씀을 거역하여 일어나는 수많은 이론과 사상이 있습니다. 이 모든 것은 사람을 창조주 하나님으로부터 이간질하려는 사탄의 계략에 불과합니다. 하나님께서는 사탄에게 속아 하나님을 대적하는 자들을 향하여 이렇게 말씀하십니다.

> 땅의 모든 끝이여 내게로 돌이켜 구원을 받으라 나는 하나님이라 다른 이가 없느니라. 내가 나를 두고 맹세하기를 내 입에서 공의로운 말이 나갔은즉 돌아오지 아니하나니(언젠가 때가 되면)내게 모든 무릎이 꿇겠고 모든 혀가 맹세하리라 하였노라 (사 45:22-23).

성경은 하나님의 말씀입니다. "태초에 빛이 있으라" 하시니 곧 빛이 있었던 것처럼 어떤 말씀은 곧 이루어졌지만 또 어떤 예언들은 아직 이루어지지 않고 남아 있습니다. 하나님은 거짓말하지 않습니다. 때가 되면 성경에 기록된 모든 예언이 다 이루어질 것입니다.

그때 우주와 인간에 대한 모든 진실이 밝히 드러날 것이며, 세상 모든 사람이 창조주이며 왕이신 그분 앞에 무릎을 꿇을 것입니다. 이때 하나님의 말씀을 거역하며 조롱했던 자들은 영원히 부끄러움과 고통을 당하게 될 것입니다. 이날은 우리에게 곧 다가올 것입니다.

제 2 장

나는 누구인가

   창세기는 그 첫 장에서 우주와 온 세상의 창조에 대해 대략적인 것들을 선언하듯이 기록하고 있습니다. 그에 비하여 제2장은 피조물 중 으뜸인 인간에게 초점을 맞추어 보다 섬세하고 구체적으로 하나님의 창조행위를 기술하고 있습니다.

   이제 제2장에서는 하나님께서 왜 사람을 만드셨는지, 그리고 우리 각 사람은 하나님께 어떤 존재인지에 대해 알아보겠습니다.

1. 나는 어디서 와서 어디로 가는가

하나님께서는 에덴이라는 동산을 만드시고 그 안에 각종 유실수들과 보기에 아름다운 초목들이 나게 하셨습니다. 동산 중앙에는 생명나무와 선악을 알게 하는 지식의 나무도 있었습니다. 에덴에서는 강 하나가 솟아나 온 동산을 적시더니, 네 줄기로 나뉘어 세상을 향해 사방으로 흘렀습니다.

네 강의 이름은 비손, 기혼, 힛데겔(티그리스) 그리고 유브라데(유프라테스)라 불렸습니다. 그중 티그리스와 유프라테스라는 두 강은 오늘날에도 시리아와 이라크 사이에서 같은 이름으로 흐르고 있습니다. 이것은 성경의 처음 책, 창세기의 내용이 꾸며 낸 이야기가 아니라 사실을 근거로 쓰였다는 것을 말해 주는 하나의 단서입니다.

하나님께서는 에덴동산에 첫 사람 아담을 두시고 그가 행복하게 살도록 모든 것을 준비해 주시며, 아담으로 하여금 에덴동산의 모든 것을 다스리며 관리하게 하셨습니다. 그러나 아담을 위해 한 가지를 금하시며 이렇게 경고하신 것이라고 봅니다.

> 아담, 너는 동산 안에 있는 모든 나무의 열매들은 다 먹어도 된다. 그러나 동산중앙에 있는 선악과 나무는 먹지 마라. 그것을 먹으면 너는 반드시 죽을 것이다.

이것은 아담과 하나님 사이에 맺은 언약입니다. 선악과를 범하지 않아야 에덴의 삶이 보장된다는 뜻입니다.

하나님께서는 아담을 위해 돕는 아내를 만들어 주어야겠다고 생각하시고, 모든 동물을 암컷과 수컷 한 쌍씩 아담 앞으로 지나가게 하시며, 아담으로 하여금 그들에게 이름을 지어 주도록 했습니다.

그제서야 아담은 자신에게만 짝이 없음을 알고 외로움을 느낍니다. 이때 하나님께서는 아담을 깊이 잠들게 하시고, 그의 갈비뼈 하나를 떼어 아름다운 여자를 만들고 그녀를 아담 앞으로 데려오십니다. 아담은 자기와 같은 사람(여자)을 보자마자 첫눈에 반했고, 이렇게 세상에 최초의 가정이 탄생합니다.

그런데 아무 부족한 것이 없는 하나님 온 우주의 왕이신 그분께서 왜 이처럼 수고로이 사람을 만드셨을까요?

너무 지루하셔서 장난감이 필요하셨을까요?

하나님께 우리는 어떤 의미일까요?

하나님은 영입니다.
우리처럼 육체를 갖지 않았는데 사람이 어떻게 하나님의 자녀가 될 수 있을까요?
말씀을 봅니다.

> 여호와 하나님이 땅의 흙으로 사람을 지으시고 생기를 그 코에 불어넣으시니 사람이 되니라(창 2:7).

먼저 땅의 흙으로 사람의 몸, 곧 육체를 만들었습니다. 그리고 코에 생기를 "훅~" 하고 불어넣으시니 사람이 되었지요. 하나님께서 아담의 코에 불어 넣으신 생기, 하나님 속에서 나온 이 숨이 바로 우리의 본질인 영(spirit)입니다. 그리하여 사람은 육체를 가진 영적 존재가 된 것입니다.

첫 사람 아담에게는 육체의 아버지가 없었으니, 하나님만이 그의 유일한 아버지입니다. 또한, 하나님은 우리의 아버지입니다. 왜냐하면, 우리의 육체는 아담으로부터 받았지만 우리의 영(spirit)은 아담처럼 하나님으로부터 왔기 때문입니다.

그러므로 사람이 만일 창조주 하나님을 인정하지 않는다면 이 세상에서 아무리 뛰어난 사람일지라도 실상 그의 존재 가치는 흙먼지(dust)에 불과한 것이니 허무한 존재가 될 수 밖에 없는 것입니다.

2. 하나님은 나를 아실까?

하나님을 인격적으로 만나기전 한 가지 의문이 있었습니다.

초라하기 그지없고 죄와 허물 투성이에 불과한 나에게도 소망이 있을까?
하늘과 땅의 주인 되시는 하나님, 만 왕의 왕이신 크고 놀라우신 하나님께서 정말로 이 작고 무익한 '나'를 아실까?
하나님께 '나'라는 존재는 과연 어떤 의미일까?

당시 하나님이 창조주라는 사실은 믿어졌는데 그렇게 크고 위대하신 하나님께서 아무것도 아닌 나를 아실 뿐 아니라 사랑하시리라고는 도무지 믿어지지 않았습니다.

그런데 염려할 필요가 전혀 없는 일이었습니다. 하나님은 광대하실 뿐 아니라 아주 세심한 분이기 때문입니다. 우리 한 사람 한 사람을 잘 아실 뿐만 아니라 지금 이 순간에도 우리를 지극한 사랑으로 돌보십니다.

예수님은 이렇게 말씀하십니다

> 참새 두 마리가 한 앗사리온에 팔리지 않느냐 그러나 너희 아버지께서 허락하지 아니하시면 그 하나도 땅에 떨어지지 아니하리라 너희에게는 머리털까지 다 세신 바 되었나니 두려워하지 말라 너희는 많은 참새보다 귀하니라(마 10:29-31).

하나님께서는 자기의 피조물들을 매우 귀중히 여기십니다. 그들을 얼마나 세밀하게 돌보시는지, 동전 하나에 두 마리를 살 수 있는 하찮은 참새도 하나님의 허락 없이는 땅에 떨어질 수 없다고 하십니다.

하물며 자녀가 된 우리는 그분 앞에 얼마나 더 귀하고 값진 존재일까요?

이것은 놀라운 하나님의 은혜입니다.

하나님께서는 심지어 우리의 머리카락이 몇 개인지도 다 아신답니다. 그러므로 지금 여러분 속에 깊이 숨겨져 있는 말 못할 사정이나 마음속에 있는 슬픔과 기쁨까지 다 아실 정도입니다. 이렇게 좋으신 하나님 아버지를 경험한 적이 있습니다.

저는 사면이 산으로 둘러싸인 두메산골에서 태어나 거기서 자랐습니다. 고등학교 진학을 위해 도시로 나오면서 교회에 출석하기 시작했습니다.

'하나님을 믿으면, 그토록 찾아 헤매던 삶의 의미를 찾을 수 있을까'라는 생각에서 스스로 교회에 나가기 시작한 것입니다. 주일 예배를 시작으로 새벽 예배, 저녁 예배 등 모든 예배에 출석했습니다.

그런데 내 삶에 변화가 없었습니다. 여전히 내 속에서는 시기와 질투, 열등감이 가득했고 평안함이 없었습니다. 마음은 여전히 공허하고 불안했습니다. 이렇게 무의미하고 고통스런 삶을 계속하고 싶지 않았습니다.

그 당시에도 하나님의 존재는 믿어졌습니다. 그런데 그렇게 크고 광대하신 분이 나같이 허물 많고 보잘것없는 존재까지도 아시고 사랑하신다는 사실은 도무지 믿어지지 않았습니다. 나를 낳아 주신 부모님의 관심도 항상 아들들에게만 있는데 하나님도 마찬가지일 것이라는 생각이 무의식 중에 있었던 것 같습니다.

그런데도 하나님을 만나고 싶었습니다. 모든 죄를 용서받고 싶었고, 한번 주어진 삶을 정말 의롭고 가치 있고, 그리고 의미 있게 살고 싶었습니다. 하나님을 만나면 완전히 새로운 삶을 살 수 있을 것 같았습니다.

스물네 살의 어느 날, 하나님을 만나고 싶은 간절한 마음으로, 두 달의 기간을 정하고 오직 성경 읽기와 기도를 시작했습니다. 이번에 하나님을 만나서 나를 사랑한다는 사실을 확인하지 못하면, 이제 아주 하나님을 떠나 삶을 포기하고 싶은 절박한 심정이었습니다.

하나님은 나를 택하지도 않았는데 언제까지 나 혼자서만 짝사랑하고 싶지 않았습니다. 너무 지치고 구차한 생활에도 진저리가 났습니다.

정한 기한이 끝나는 마지막 날, 주일에 마지막으로 교회에 가서 하나님께 하직 인사를 드리고 집으로 돌아왔습니다. 그리고 '이제 마지막으로 기도해야지' 하고 생각하면서, "사랑하는 하나님 아버지"라고 첫마디를 떼었습니다. 그런데 그 순간 처음으로 주님의 음성을 듣게 되었습니다.

"딸아, 내가 너를 사랑한다. 사랑한다. 사랑한다. 내가 너의 삶을 계획했고 너를 인도할 것이다."

그때 저는 너무나 감격하여 몇 시간 동안 눈물만 흘렸습니다. 마음의 상처와 응어리가 다 풀어지고 무한한 자유와 평강이 임했습니다. 간절히 기도를 하기는 했지만 주님께서 실제로 이렇게 만나 주시다니 너무나 놀랍고 감사했습니다.

그러나 생각해 보면, 우리의 머리카락이 몇 개인지 아시는 주님께서 하나님을 사랑하고 갈망하는 저의 마음을 아시고 찾아 주신 것은 너무나 당연한 일이었습니다.

그 정도가 아닙니다. 앞서 보았듯이 하나님은 매우 계획적이며 질서 있게 행하십니다. 우리 중 어느 누구도 무의미하거나 우연히 생긴 사람은 없습니다. 주님께서 우리 각 사람을 만드실 때 이미 우리 삶에 대한 설계를 하셨고 우리의 형질이 모태에서 다 완성되기도 전에 그것을 주의 책에 기록했다고 하십니다.

> 주께서 내 내장을 지으시며 나의 모태에서 나를 만드셨나이다 내가 주께 감사하옴은 나를 지으심이 심히 기묘하심이라 주께서 하시는 일이 기이함을 내 영혼이 잘 아나이다 내가 은밀한 데서 지음을 받고 땅의 깊은 곳에서 기이하게 지음을 받은 때에 나의 형체가 주의 앞에 숨겨지지 못하였나이다 내 형질이 이루어지기

전에 주의 눈이 보셨으며 나를 위하여 정한 날이 하루도 되기 전에 주의 책에 다 기록이 되었나이다(시 139:13-16).

주님께서는 처음 음성을 들려주신 이후에도 어떤 삶의 중대한 기로에 있을 때에는 종종 내가 가야 할 길을 알려 주셨습니다. 음성 외에도 꿈이나 환상, 기타 여러 가지 방법으로 말씀해 주셨습니다.

그중 대부분은 단순히 성경 말씀만 가지고는 이해하거나 순종하기가 매우 어려운 일들이었기 때문에 성령님께서 개인적으로 계시해 주신 것 같습니다. 하나님께서는 이미 설계해 놓으신 그분의 플랜에 따라 저의 삶을 인도하고 계신 것입니다.

3. 사람은 무엇을 위해 사는가?

우리의 육체는 언젠가 죽으면 흙으로 돌아갑니다. 흙에서 왔기 때문이지요. 그러나 세상을 떠난 후에도 우리의 영혼은 멸하여지지 않고 천국이나 지옥, 둘 중 하나에서 영원히 살게 됩니다.

그래서 주님은 우리에게 이렇게 말씀하십니다.

> 몸은 죽여도 영혼은 능히 죽이지 못하는 자들을 두려워하지 말고 오직 몸과 영혼을 능히 지옥에 멸하실 수 있는 이를 두려워하라(마 10:28).

우리는 언젠가는 죽어 없어질 육체를 위해 먹고 입고 자고 운동하고 그리고 공부하거나 일합니다.

그런데 그보다 훨씬 중요한 영혼의 성장을 위해서는 무엇을 하고 계십니까?

성경은 이렇게 말합니다.

> 내 이름으로 불려지는 모든 자 곧 내가 내 영광을 위하여 창조한 자를 오게 하라 그를 내가 지었고 그를 내가 만들었느니라(사 43:7).

우리는 하나님의 영광을 위하여 창조되었습니다.

우리는 어떻게 하나님께 영광을 돌려 드릴 수 있을까요?

첫째, 하나님을 아버지로 인정하고 아버지와 자녀로서 서로 사랑하고 기뻐하는 것, 말하자면 친밀한 관계를 맺는 것입니다. 우리는 말씀(읽기, 묵상, 연구)과 기도를 통해 하나님과 깊고 친밀한 관계 속으로 들어 갈 수 있습니다. 그런 교제를 통해 각자 자신을 향한 창조주 하나님의 뜻(부르심)을 알게 되고 더욱 아버지를 기쁘시게 하는 장성한 자녀로 자라 갈 수 있습니다.

둘째, 하나님의 자녀로서 합당하게 사는 것입니다. 어느 날 한 사람이 예수님을 찾아와 이렇게 묻습니다.

> 선생님, 율법 중에서 어느 계명이 크니이까, 예수께서 이르시되 네 마음을 다하고 목숨을 다하고 뜻을 다하여 주 너의 하나님을 사랑하라 하셨으니 이것이 크고 첫째 되는 계명이요. 둘째도 그와 같으니 네 이웃을 네 자신 같이 사랑하라 하셨으니 이 두 계명이 온 선지자의 율법과 강령이니라(마 22:36-40).

하나님께서는 왜 우리에게 그토록 하나님을 사랑하라고 하실까요?

하나님이 욕심이 많고 이기적이라서 자기만 사랑해 달라고 요구하는 것일까요?

아닙니다. 당신의 자녀 된 우리를 위해서입니다. 물고기가 물을 떠나서는 살 수 없듯이 우리의 영혼은 하나님을 떠나면 결코 살 수 없기 때문입니다.

그러면 하나님께서는 왜 또 우리에게 이웃을 사랑하라고 하실까요?

왜냐하면, 우리 모든 사람은 하나님과 아담 안에서 형제요 자매이기 때문입니다. 우리 부모님께서 형제간에 화목하기를 원하듯이 하늘 아버지께서도 그것을 원하십니다.

셋째, 우리의 가정을 통하여 하나님께 영광을 돌려 드리는 것입니다.

의문이 하나 있습니다.

하나님께서는 왜 아담에게 아내를 다섯 혹은 열 명을 주지 않고 하나만 주셨을까요?

만일 그에게 많은 아내를 주었다면 아담의 후손들이 더 빠르게 지구상에 번성하였을 것이고 창조의 목적을 더 쉽게 이루셨을 텐데 말입니다.

하나님은 왜 그렇게 하지 않으셨을까요?

성경을 찾아 봅니다.

그에게는 영이 충만하였으나 오직 하나를 만들지 아니하셨느냐 어찌하여 하나만 만드셨느냐 이는 경건한 자손을 얻고자 하심이

> 라 그러므로 네 심령을 삼가 지켜 어려서 맞이한 아내에게 거짓을 행하지 말지니라(말 2:15).

그렇습니다. 하나님은 우리의 가정을 통하여 경건한 후손을 얻기 원하십니다. 그래서 아담에게 아내를 하나만 주셨습니다. 왜냐하면, 하나님이 거룩하시기에 그분의 자녀들인 우리도 거룩해야 하기 때문입니다.

동물들은 수컷 하나가 암컷을 많이 거느립니다. 예를 들어, 장닭 한 마리는 보통 암탉 열 마리까지 거느립니다. 제가 선교지에 있을 때 닭을 여러 마리 길러 본 적이 있었는데, 수탉들이 암탉을 서로 더 차지하기 위해 얼마나 싸우는지 힘센 수탉은 자기보다 약한 수탉을 매일같이 쪼아대서 거의 죽을 지경으로 만들어 버리곤 했습니다.

그러나 하나님께서 사람에게는 한 남자에게 한 여자, 한 여자에게는 오직 한 남자만을 짝으로 허락하심으로 여자로 말미암아 서로 다투거나 욕심부리지 않고 평생 한 사람에게만 충실하게 하신 것입니다. 이러한 하나님의 창조질서를 따라 한 남자와 한 여자가 만나 연합하고 서로 사랑할 때 거룩하고 행복한 가정을 이룰 수 있습니다. 하나님께서는 우리의 거룩한 삶의 모습을 보고 기뻐하실 뿐 아니라 그로 인하여 영광 받으십니다.

   요즈음 세상은 이러한 하나님의 창조질서를 무시하고 사람의 정욕을 좇아 동성혼 합법화를 시도하며 문란하고 난잡한 성생활을 부추기고 있습니다. 이 모든 것은 하나님을 대적하고 창조질서를 무너뜨리려는 사탄의 속임수입니다.

   하나님께는 아담을 통해 이루고 싶은 꿈이 있었습니다. 그것은 아담과 그의 후손을 통해 온 지구를 에덴동산처럼 아름답고 풍성하게 만드는 것이었습니다. 만일 태초부터 사람이 하나님께 순종했더라면 이 세상은 천국처럼 거룩하고 평화로운 하나님의 왕국이 되었을 것입니다.

   그런데 에덴 동산에서 어떤 일이 일어났을까요?

   창세기 3장으로 갑니다.

제 3 장

낙원의 상실과 회복

아담은 에덴동산에서 어떤 환경과 조건 속에서 살았을까요?

푸르고 아름다운 나무들과 맑고 깨끗한 강, 그리고 들판에서 자유로이 뛰놀며 어우러져 살고 있는 크고 작은 동물들, 하나님께서 지으신 이 모든 생물은 서로 조화롭고 평화로운 삶을 영위하고 있었습니다. 아담과 하와도 물론 그들 가운데서 매우 행복했겠지요. 그들은 하나님을 사랑했고 하나님과 아주 친밀한 교제 가운데 살았습니다. 그런데 어느 날 인류 최악의 사건이 발생합니다.

여기서는 창세기 3장 말씀을 가지고, '사람이 어떻게 타락하게 되었는지 또 잃어버린 낙원을 어떻게 되찾을 수 있는지'에 대해 알아보겠습니다.

1. 실락원

하나님께서 만드신 천사들 중에 루시엘(?)이라는 자가 있었습니다. 그는 매우 아름답고 지혜로워서 천사들 중 으뜸이었고 하나님과 동료들로부터 많은 사랑과 칭찬을 받았습니다.

그러나 자신의 지혜와 아름다움으로 말미암아 교만해져서 자기도 하나님처럼 될 수 있을 것이라고 생각했습니다. 그리고 자신을 따르던 천사들을 이끌고 하나님을 대적했습니다. 그가 바로 사탄 혹은 마귀라고도 하는 루시퍼(Lucifer, 우리말로는 '계명성'이라 번역됨)입니다.

사탄은 항상 하나님을 모방하며 하나님처럼 되려고 하나님의 일들을 훼방합니다(사 14:12-14; 겔 28:12-15; 계 12:3-9).

그는 살그머니 에덴동산에 들어와 아담과 하와에게 상냥하게 접근합니다. 선악과를 먹으면 그들도 하나님과 같이 될 수 있다고 속입니다.

그러나 하나님께서는 아담과 하와에게 선악과에 대해 뭐라고 말씀하셨을까요?

> 선악을 알게 하는 나무의 열매는 먹지 말라 네가 먹는 날에는 반드시 죽으리라 하시니라(창 2:17).

아담과 하와는 사탄의 유혹에 넘어가 하나님의 말씀을 의심하며 선악과 열매를 따먹고 맙니다. 어이없게도 그들은 자기 아버지의 말씀을 믿지 않고 아버지의 원수, 사탄의 말을 믿어 버린 것입니다.

그래서 어떻게 되었을까요?

하와가 선악과를 따서 먹었을 때, 하와는 그 즉시 죽지 않았습니다. 처음에는 오히려 마귀의 말처럼 마치 눈이 밝아지는 느낌이었을 것입니다. 옳고 그름에 대한 지식이 생겼으니까요.

그래서 아담에게 먹어 보라고 주었겠지요?

옆에서 호기심을 가지고 하와를 지켜보고 있던 아담은 그녀가 선악과를 먹고도 죽지 않자 더 생각할 겨를도 없이 냉큼 받아서 먹어 버립니다. 아담도 하와처럼 하나님의 말씀을 믿지 않았던 것입니다.

그래서 그 둘은 하나님과 같이 되었을까요?

아닙니다. 오히려 하나님의 형상을 잃어버렸고, 축복의 동산 에덴에서도 쫓겨났습니다. 더 이상 이전처럼 에덴의 행복한 삶을 누릴 수 없게 되었습니다. 그리고 죽어 흙으로 돌아갔습니다.

더 비극적인 것은 그 저주가 아담에게만 온 것이 아니라 마치 유전처럼 그를 통해 온 인류에게도 왔습니다. 사람뿐 아니라 자연이나 동물 등 모든 피조물이 다 저주 아래 놓이게 된 것입니다.

그 후부터 이 세상은 사탄의 영향력 아래 있게 되었고, 인간은 "죄의 종"(롬 6:16)이 되었으며, 또 그의 속임수로 우리 인류는 본래의 진정한 정체성을 상실하게 되었습니다. '자신이 누구인지', '어디서 와서 어디로 가는지', 또 '무엇을 위해 살아야 하는 지' 등에 대해 알 수 없게 된 것입니다. 그리고 오늘날 우리가 볼 수 있는 모든 종류의 악과 비극적인 사건도 이때부터 생겨나기 시작했습니다.

오늘날 마귀가 우리를 속이는 방법도 별로 다르지 않습니다. 마귀는 지금도 근시안적인 우리의 약점을 이용하여 돈과 재물 혹은 이 세상에 있는 것들이 보이지 않는 하나님보다 더 중요하다고 말하며 우리를 속입니다.

하나님을 믿는다고 곧장 어떤 이익을 얻거나, 또는 거역한다고 해서 당장 지옥으로 떨어지지는 않기 때문에, 많은 사람이 대담하게 악을 행하며, 하나님을 섬기는 것보다 당장 필요한 돈과 재물을 얻는 일에 모든 힘을 쏟아 버립니다. 그리고 많은 사람이 허무하고 불행한 삶을 살다가 결국은 지옥으로 갑니다.

아담은 이렇게 자기의 욕심에 이끌려 마귀의 유혹을 받았고 그 결과 아름답고 풍성한 하나님의 동산에서 쫓겨나고 말았습니다. 그래서 우리의 삶이 공허하고 황폐해진 것입니다.

우리는 이 잃어버린 동산을 어떻게 회복할 수 있을까요?

2. 하나님의 지극한 은혜

이처럼 인류를 향한 하나님의 계획은 원수의 간교한 속임수로 말미암아 어그러지게 되었습니다.

그럼 원수에게 자녀를 빼앗긴 아버지의 마음은 어떨까요?

자신의 자녀가 원수의 거짓말을 믿고, 그의 편이 되어, 그와 함께 지옥가게 되었는데 아버지로서 그 마음이 얼마나 괴로우셨을까요?

불순종에도 불구하고 하나님께서는 자녀들을 포기할 수 없었습니다. 사실은 이런 사태를 예견하시고 온 인류를 구원하기 위한 계획을 태초에 이미 세워 두셨습니다. 그리고 때가 되어 아담이 실패한 것을 바로잡기 위해 자기의 독생자를 이 땅에 보내십니다. 그분이 그리스도(메시아) 예수(구원자)입니다.

예수님은 우리와 같은 사람이 되어 이 세상에 살면서 사탄으로부터 많은 유혹과 위협을 받았습니다. 주님은 자기를 쳐서 하나님께 복종시키기 위해 공생애를 시작하시기 전에 40일을 그 험한 광야에서 단식하셨습니다. 아담처럼 하나님을 거역하지 않으시고 죽기까지 순종하심으로 아버지를 기쁘시게 했습니다. 또한, 사람들을 불쌍히 여기셔서 병자들을 고치시며 모든 고통받는 자들을 도우셨습니다.

그러나 사람들, 곧 아담의 후손들은 하나님의 아들이며 그리스도이신 그분을 증오하며 십자가에 못 박았습니다. 그들 역시 마귀에게 속아서 자신이 무슨 짓을 하는지도 의식하지 못했습니다.

하나님의 아들 예수께서는 스스로 구원할 힘이 없어서 십자가에 죽으신 것이 아니라, 우리의 죄 값을 지불하기 위해 희생양이 되기로 작정 하셨던 것입니다.

모든 사람이 아담 한 사람의 불순종으로 말미암아 죄인이 된 것처럼 이제는 예수 그리스도 한 분의 '의'로 말미암아 전 인류에게 구원(회복)의 길이 열린 것입니다.

그러므로 성경은 말합니다.

> 다른 이로써는 구원을 받을 수 없나니 천하 사람 중에 구원을 받을 만한 다른 이름을 우리에게 주신 일이 없음이라(행 4:12).

다른 이름으로는 구원받을 수가 없습니다. 오직 예수 그리스도를 통해서만 영생을 얻을 수 있습니다. 그 어떤 다른 신도 우리를 구원하기 위해 우리의 죗값을 대신 지불하지는 못했기 때문입니다.

3. 낙원의 회복

불순종으로 말미암아 잃어버린 에덴동산을 오늘 우리의 삶 속에 어떻게 회복할 수 있을까요?

선교지로 떠나기 전에 주님으로부터 에덴동산에 대한 환상을 받은 적이 있습니다. 선교사로의 부르심을 받고

난 후 낯선 선교지에 가서 무엇을 어떻게 해야 할지 전혀 모르는 상황이었지만 무조건 순종하는 마음으로 주님의 인도하심을 바라며 기도하고 있었습니다. 그런데 기도 중에 갑자기 제 앞에 놀라운 환상이 보였습니다.

아름다운 동산이 눈앞에 펼쳐졌는데, 저는 그곳을 에덴동산이라고 이해했습니다. 그냥 알아졌습니다. 동산 중앙에 있는 생명 나무와 선악을 알게 하는 나무도 보이고, 또 주변으로는 크리스탈처럼 맑고 깨끗한 강이 흐르고 있었습니다. 동산은 눈부시게 아름다웠습니다. 그때 제 속에서 주님의 음성이 들려왔습니다.

"이 동산은 너의 마음이란다."

저는 호기심을 가지고 동산 중앙에 있는 생명나무와 선악과 나무를 바라보며 주님께 이렇게 여쭈었습니다.

"주님, 저 생명 나무는 무슨 뜻인지 알겠어요.

제 마음에 계셔서 저에게 생명을 주시는 분, 바로 예수님입니다.

그런데 선악과 나무가 왜 저의 마음에 있나요?

저 선악과 나무는 무슨 뜻이예요?

"그건 너의 '자아'란다."

주님이 대답하셨습니다.

그리고는 갑자기 강물이 마르고 그 동산이 메마르기 시작하더니 순식간에 모든 것이 황폐해졌습니다. 저는 너무 걱정이 되어서 주님께 부르짖었습니다.

"주님, 도와주세요!"

"동산이 갑자기 말라버렸어요!"

그런데 그 순간 제 속에서 자아가 매우 강하게 일어나는 것을 느꼈습니다. 마음이 탐욕과 이기심으로 가득해지며, 속에서 분노와 혐오감이 올라왔습니다. 어찌할 바를 몰라서 주님께 부르짖기 시작했습니다.

"주님, 저의 자아가 너무 강해요, 어쩌면 좋아요. 저를 용서해 주세요. 주님, 저를 도와주세요. 이 더럽고 추악한 자아를 주님과 함께 십자가에 못박습니다. 저는 그리스도와 함께 죽었습니다."

기도하며 저의 옛 본성이 그리스도와 함께 죽었음을 선포했습니다.

한동안 비통한 심령으로 부르짖었고, 차츰 마음은 낮아질 대로 낮아졌습니다. 매우 겸손하고 가난한 심령이 되었습니다. 그러자 마음의 동산이 다시 환해지며 회복되기 시작했습니다.

동산에서 강이 솟아나 들판을 적시니 초목이 되살아나고 각양 생물들이 생기를 되찾았습니다. 거기서 강 줄기 하나가 밖으로 흐르기 시작하더니 들판을 지나 가까운 도시를 향하여 흘러가는 것이 보였습니다. 강줄기가 이르는 곳마다 황폐했던 들판이 푸르고 아름답게 되살아나는 것이었습니다.

강물이 흘러 들어간 그 도시는 옛 유럽형의 형태로서 도시 중앙에는 공원이 있고 그 앞에는 큰 성당이 있었습니다. 공원 주위에는 단층이지만 비교적 높은 건물들이 서로 이어져 있었습니다.

그런데 도시 전체는 잿빛으로 금방이라도 드라큘라가 나타날 것 같은 매우 음산한 분위기였습니다. 거리에는 사람이 없었고 두려움과 죽음을 연상시켰습니다(니카라과에 와서 수도 마나구아 외에 다른 도시들을 방문했을 때, 깜짝 놀랐는데 레옹이나 그라나다등 크고 작은 대부분의 도시들은 하나같이 그와 같은 옛 유럽형이었습니다. 니카라과뿐 아니라 대부분 중남미의 거의 모든 도시가 다 비슷합니다. 수백 년 전 유럽의 정복자들이 자기 나라의 도시 형태를 식민지에 재현해 놓았기 때문입니다).

그런데 마음의 동산에서 발원한 강줄기가 그 잿빛 도시로 흘러 들어가자 도시가 회복되기 시작했습니다. 물이스며드는 대로 조금씩 밝아지더니 마침내는 도시 전체가 눈부시도록 화사하게 살아났습니다. 그리고 도시 위로 하나님의 영광의 구름이 넓게 드리워지며 도시가 생생하고 영광스러운 모습으로 변화되는 것이었습니다. 죽음에서 생명으로의 변화였습니다.

할렐루야!!

저는 그 모습을 바라보다가 너무나 감격스러워서 할렐루야, 할렐루야를 연하여 외치며 하나님께 감사와 영광을 올려드렸습니다.

예수님은 제2의 아담으로서 첫째 아담이 불순종함으로 말미암아 잃어버렸던 에덴낙원을 우리에게 회복시켜 주시려고 오셨습니다. 이는 우리 하나님의 크신 은혜와 사랑으로 말미암은 것입니다.

이제 우리 조상 아담처럼 지금 우리 앞에도 생명나무(그리스도)와 선악을 알게하는 나무(자아)가 놓여 있습니다. 주님께서는 아담에게 명하셨던 것처럼 우리에게도 동일하게 선악을 알게하는 나무 열매(자아)를 먹지 말고 생명나무이신 예수님을 먹고 영생을 얻으라고 하십니다.

우리가 자기를 부인하고 예수님을 우리 삶의 주인으로 모시고 온전히 그분을 따를 때 잃어버렸던 에덴동산이 우리 삶 속에 다시 회복되는 것입니다.

또한, 한 도시 한 나라가 진정으로 변화되는 일도 사실은 우리 그리스도인 하나하나가 자기를 부인하고 온전히 그리스도를 따를 때 그 열매로서 하나님의 왕국이 확장되는 것입니다. 이것은 좁은 길이지만 우리의 삶에서 잃어버린 에덴낙원을 진정으로 회복하는 길입니다.

아담의 불순종으로 인해 잃어버렸던 지상의 왕국 에덴동산은 이제 하나님의 독생자 예수 그리스도로 말미암아 우리의 마음 가운데 회복됩니다. 우리 각각의 마음에 하나님의 나라가 임한 것입니다. 몸은 이 세상에 살고 있지만 우리는 하나님의 백성이라는 매우 고귀한 정체성을 실제로 회복하게 되는 것입니다.

아담의 범죄 후, 지난 6천 년 동안 이 지구와 그 안에 있는 모든 피조물들은 우리 인간의 죄로 말미암아 고통하고 신음하며 하나님의 자녀들이 나타나기(회복되기)를 기다려 왔습니다(롬 8:20-21). 머지않아 그날은 우리에게 다가올 것입니다. 하늘에서 나팔소리가 들리고 우리 주님이 다시 오시면, 이 땅에서 마귀 세력을 멸하시고 이 세상을 에덴동산(천년 왕국)같이 회복하실 것입니다.

제 4 장

창조의 완성

　이제까지 우리는 이 세상과 인류가 어떻게 시작되었고, 우리 존재가 어디서 비롯되었는지, 악은 어떻게 생겨났는지, 그리고 우리가 어떻게 다시 회복될 수 있는지를 알아보았습니다.

　이 장에서는 우리 자신으로부터 시작하여 거슬러 올라가 하나님이 우리의 아버지 되심을 다시 한번 확인해 보고 우리 하늘 아버지의 궁극적인 목적이 무엇인지를 찾아보겠습니다.

1. 계보를 통한 뿌리 찾기

태초에 하나님은 이 땅에 아담과 하와 한 쌍만 만드셨을까요?

아니면 어딘가에 하나님과 상관없는 또 다른 인류가 살고 있었을까요?

동물이나 식물들은 태초에 이미 지금 존재하는 그 종류대로 매우 다양하게 만드셨습니다.

그런데 하나님께서 우리 사람은 오직 하나 아담과 하와만 만드셨을까요?

어떤 이들은 아담과 하와 이전에 지구에는 이미 인류가 있었다고 말하기도 합니다. 만일 그 말이 사실이라면 우리의 정체성에 큰 혼란이 야기될 수 있습니다. 그래서 저는 여기서 그 문제를 확실히 하려고 합니다.

성경은 이에 대해 뭐라고 말할까요?

> 인류의 모든 족속을 한 혈통으로 만드사 온 땅에 살게 하시고 그들의 연대를 정하시며 거주의 경계를 한정하셨으니 이는 사람으로 혹 하나님을 더듬어 찾아 발견하게 하려 하심이로되 그는 우리 각 사람에게서 멀리 계시지 아니하도다(행 17:26-27).

좀 이상하지요?

왜 하나님께서는 이 넓은 세상에 오직 한 남자와 한 여자만 만드셨을까요?

만일 인류를 아시아인, 유럽인, 미주인 그리고 아프리카인 등 여러 쌍을 종류대로 만들었다면 이 세상에 사람이 빨리 번성하여 목적하신 바를 좀 더 쉽게 이루실 수 있었을 텐데 말입니다.

위 구절에서 보면 하나님께서 세상의 모든 나라와 족속을 하나의 혈통(아담)으로 만드신 이유가 있습니다. 그것은 각 사람이 더듬어 찾아서 하나님을 발견할 수 있게 하려고 이 넓은 지구에 아담과 하와만 창조하셨답니다. 그리고 그 후손을 통해 나라와 족속을 이루고 그들의 연대와 거주의 경계를 정하셨다는 것입니다.

하나님께서 우리 한국은 아시아의 동쪽 끝에 살도록 정해주시고 영국은 유럽에 미국과 캐나다는 북미에 그리고 니카라과는 중남미의 가운데에 살게 하셨답니다. 또 나라들이 언제 일어나고 언제 멸망하는지에 대해서도 하나님의 권한에 있다고 하십니다. 이사야, 예레미야, 에스겔서는 물론 대부분의 선지서에서는 하나님께서 세계의 나라들을 세우시고 멸망시키는 이야기가 많이 나옵니다.

그런데 좀 이상합니다.

온 인류가 한 혈통에서 나왔다면, 왜 한국 사람인 저의 피부와 체형은 유럽인이나 중남미 혹은 아프리카 사람들과는 다를까요?

아마도 그것은 그 나라의 특별한 기후와 자연의 조건 속에서 오랫동안 살아왔기 때문인 것 같습니다. 저에게 여기에 대한 좋은 경험이 하나 있습니다. 선교지 니카라과에 있을 때입니다.

고국의 오이 씨앗을 몇 개 얻어서 마나구아(니카라과)의 집 뒤 뜰에 심었습니다. 우리 한국 오이는 껍질이 얇고 모양도 날씬하며 식감도 아삭아삭 맛있습니다. 그런데 니카라과의 저희 텃밭에서 자란 한국 오이는 자라면서 껍질이 점점 두꺼워지고 몸통이 굵어지더니 니카라과의 수퍼마켙에서 살 수 있는 것과 모양이 비슷해졌습니다. 아마도 오이가 자라면서 뜨거운 햇빛과 더운 기후에 적응하기 위해서 변화되는 것 같았습니다.

그런데 니카라과의 어느 중국인 농장을 방문했을 때, 거기는 우리 오이와 같은 종류의 씨앗을 심고, 그 위에 검은 천으로 된 발을 쳐서 그늘을 잘 만들어 준 것을 보았는데 그 오이는 껍질도 얇고 모양도 마치 우리 고국의 것처럼 길쭉하게 자라고 있었습니다.

사람도 마찬가지 아닐까요?

오랜 세월 한 곳에 정착해 사는 동안, 거주지의 기후에 적응하느라 피부나 체형이 변화되었을 것입니다. 일반적으로 기후가 덥고 햇볕이 강한 아프리카 사람들은 얼굴색이 검고 피부도 매우 강하고 두텁습니다.

반면에 비교적 일조량이 적고 날씨가 추운 북유럽 사람들은 피부가 매우 희고 약합니다. 그리고 사계절이 있는 중간 지대에 살고 있는 우리 아시아인들의 피부는 희지도 검지도 않습니다.

그러므로 하나님께서 처음부터 인류를 황인종, 흑인종, 백인종으로 구별하여 만든 것이 아니라 각각의 민족들이 정착하여 살게 된 거주지의 환경이나 조건에 따라 사람들의 모습이 변화된 것이라고 볼 수 있겠습니다.

위 구절에서 말씀하길, 하나님께서 온 인류를 아담 하나의 혈통으로 만든 이유는, 각 사람이 하나님을 더듬어 찾아 발견할 수 있도록 하기 위해서라고 합니다.

그러면 지금 성경 말씀대로 우리 각 사람이 더듬어 찾아서 하나님을 발견할 수 있을까요?

물론입니다. 제가 먼저 찾아보겠습니다.

저의 이름은 김심복입니다. 이름은 심복이고 성은 김입니다. 스페인어로는 Ester Kim입니다. 이름은 Ester로 바꿀 수 있었지만 성은 바꿀 수 없었습니다. 왜냐하면, 성을 바꾼다는 것은 아버지가 바뀐다는 뜻이기 때문입니다. 성은 이렇게 자기의 혈통이 어디로부터 비롯되었는지를 말해줍니다.

놀랍게도 전 세계 모든 나라가 자기 고유의 성씨를 가지고 있습니다. 또한, 모든 나라가 약속이라도 하듯이 똑같이 아버지의 성을 따릅니다. 이처럼 인류의 혈통은 창세기 때부터 일관성 있게 남자의 계보를 따라 이어져 왔던 것입니다. 서양의 경우 여자가 결혼하면 남자의 성을 따르지만 이것은 여자가 남자에게 속하여 하나 됨을 의미하는 것으로 남자의 혈통을 따른다는 점에서 다르지 않습니다. 계속하겠습니다.

저는 아시아의 동쪽 끝 조그만 나라, 대한민국 국민이며, 김씨 가문의 딸로서, 아버지와 할아버지는 물론 조상 대대로 대한민국 국민입니다. 역사의 기록에 의하면 우리나라는 지금(2022)으로부터 4355년 전 단군이라는 임금에 의해 한반도에 세워졌고 '고조선'이라 이름했습니다. 이때를 성경 연대로 따져 보면 창세기 11장의 바벨탑 사건의 시기와 아주 비슷합니다.

창세기의 말씀에 의하면, 아담 한 사람으로부터 시작된 인류가 땅 위에 번성할 무렵, 대홍수로 모든 사람이 죽고 노아와 그의 가족만 살아 남습니다. 노아의 세 아들을 통하여 인류는 다시 번성하게 되지만, 바벨탑 사건 때, 또다시 하나님께 불순종함으로 말미암아, 노아의 후손들은 지면에 흩어져 각 나라와 족속과 방언을 이루게 됩니다.

> 이들은 그 백성들의 족보에 따르면 노아 자손의 족속들이요 홍수 후에 이들에게서 그 땅의 백성들이 나뉘었더라(창 10:32).

이후로 노아의 세 아들 셈과 함과 야벳 중, 셈의 후손들은 주로 아시아 쪽으로 이주했고, 야벳의 자손들은 유럽으로, 함의 자손들은 아프리카 쪽으로 이동했다고 기록하고 있습니다. 여기에 대해서는 일반 세계사에서도 동일하게 말하고 있습니다. 제가 중2 때 세계사 교과서에서 읽었던 기억이 있습니다.

그렇다면 아시아의 한국인은 노아의 세 아들 중 누구의 자손일까요?

셈, 그렇습니다.

셈은 노아의 아들이죠?

이제 노아의 족보를 찾아봅니다. 창세기 5장은 처음부터 끝까지 노아의 족보를 기록하고 있습니다.

노아의 조상들을 따라 계속 거슬러 올라가면 마지막으로 누가 나올까요?

아담입니다.

아담의 아버지는 누구입니까?

네, 하나님입니다.

그럼 저는 저의 조상들 중에서 하나님을 찾았습니까?

네, 저 김심복은 확실히 하나님의 딸입니다.

사람마다 이렇게 아버지 하나님을 찾을 수 있게 하려고 하나님께서 사람을 아담과 하와 한 쌍만 만드셨다는 것입니다.

그러면 중남미의 니카라과 사람들은 누구의 자손일까요?

역사적으로 아메리카 원주민들은 아시아의 북쪽에 위치한 몽골에서 알래스카와 북미를 거쳐 중미와 남미 쪽으로 이주한 것으로 보고 있습니다. 주로 산악 지대에 살고 있는 니카라과 원주민들은 그 얼굴 모양이 아시아인과 매우 흡사합니다.

그러니 셈의 후예이죠?

다만 스페인의 침략으로 스페인 남자들의 혈통이 많이 섞였습니다. 스페인은 유럽이므로 야벳의 자손입니다. 그럴지라도 셈과 야벳 모두가 노아의 아들들이므로 그들도 아담의 후손입니다.

이 지구상의 어떤 사람도 아담의 후예가 아닌 사람은 없습니다. 비록 여러분과 저의 나라와 언어와 피부 빛이 다를지라도 우리는 본래 한 형제인 것입니다.

2. 궁극적인 하나님의 뜻

하나님께서는 왜 에덴동산에 선악과 나무를 두셨을까요?

에덴동산에 생명나무만 있었다면 사람이 불순종할 필요도 없었을 것이고 많은 사람들이 지옥 갈 일도 없이 우리 모두는 낙원에서 영원히 행복하게 살 수 있었을 텐데, 왜 거기에 선악과 나무를 두셨을까요?

하나님은 정말 사람을 사랑하실까요?

선악과에 대한 이해가 없어서 하나님을 의심하는 이들이 많습니다. 하나님을 인격적으로 만나기 전에는 저도 그런 생각을 했었습니다. 그런데 하나님의 사랑을 실제로 경험한 후에는 거기에 분명히 어떤 중요한 이유가 있을 것이라고 생각했습니다.

불순종하기 전 아담은 순진무구한(Inocent)한 상태였습니다. 악이 무엇인지, 죄가 무엇인지, 그리고 선이 무엇인지조차 알지 못하는 어린아이와 같았습니다. 그러니 사탄의 유혹에 쉽게 넘어간 것입니다.

이렇게 처음 것(사람)은 깨지기 쉬운 연약한 그릇이었습니다. 하나님은 그 연약한 그릇을 부숴 버리고 새롭고 완전한 것으로 우리를 다시 빚으시려고 독생자 예수를 이 땅에 보내신 것입니다.

우리가 이 세상에서 육체로 사는 동안, 우리를 시험하고 단련하여 천국 시민 되기에 합당하도록 준비시키려는 것입니다. 왜냐하면, 연약한 육체로 있을 때 온갖 고난을 당하면서도 믿음으로 끝까지 순종한 사람들은 천국에서는 당연히 순종할 것이기 때문입니다.

이 순종을 시험하기 위해 선악과를 에덴에 두신 것이며, 사탄을 시험하는 자로 세상에 들어오도록 허락한 이

유이기도 합니다. 아담이 불순종하고, 선악과를 따 먹을 줄 아시면서도 하나님께서는 사람에게 자유의지를 주셨습니다. 자발적인 순종을 받기 원하시기 때문입니다.

사람은 자기 의지로 하나님의 형상을 이루는 삶을 선택할 수도 있고 마귀를 따라 죄의 종이 되는 길을 선택할 수 있습니다. 자기 스스로의 선택에 따라 하나님의 거룩한 자녀가 되기도 하고 지옥 백성이 되기도 하는 것입니다. 그러므로 거기에 대해 누구도 하나님을 탓할 수 없을 것입니다.

이런 철저한 계획 가운데 하나님께서는 창세전에 이미 장차 그리스도를 통하여 우리를 구속하시고 자녀를 삼기로 작정(예정)하셨던 것입니다.

> 찬송하리로다 하나님 곧 우리 주 예수 그리스도의 아버지께서 그리스도 안에서 하늘에 속한 모든 신령한 복을 우리에게 주시되 곧 창세 전에 그리스도 안에서 우리를 택하사 우리로 사랑 안에서 그 앞에 거룩하고 흠이 없게 하시려고 그 기쁘신 뜻대로 우리를 예정하사 예수 그리스도로 말미암아 자기의 아들들이 되게 하셨으니(엡 1:3-5).

사람이 육체로 있을 때는 연약하여서 모든 면에서 천사보다 못한 존재입니다. 지혜도, 능력도, 그리고 아름다움도 그들에 비해 열등합니다. 육신을 입었기 때문에 범죄하기 쉽고 잘 넘어집니다. 그런 반면에 우리에게는 육체로 사는 동안 회개하고 돌이킬 기회가 주어집니다.

그리스도 안에서 육신에 대하여는 죽고 영으로 사는 것을 훈련합니다. 그 훈련을 통해 우리는 정금 같은 믿음을 갖게 되고 점점 그리스도를 닮아 갑니다. 성장이 빠른 이들과 성장이 더딘 이들이 있을 뿐, 이들은 모두 천국백성으로 합당한 자들입니다.

이렇게 묻는 사람들이 있습니다.

"하나님은 사랑이신데 정말 사람을 지옥으로 보낼까요?"

이렇게 저항하는 이들도 있습니다.

"하나님이 선하시다면 왜 사람들을 지옥으로 보내는가?"

제1부에서 이미 하나님의 사랑과 공의의 양면성으로 설명했지만 여기서 한 가지 더 설명합니다.

하나님께서는 태초에 이미 우리들이 거주할 곳을 하나님이 계신 천국으로 정하셨습니다. 자녀 삼기 위해 사람을 만드셨고 자녀이기에 당연히 하나님 곁으로 가는 것입니다. 지옥은 본래 사람을 보내려고 만든 곳이 아닙니다.

거기는 하나님을 배반하고 범죄한 사탄과 그를 따르는 타락한 천사들을 가두기 위해 마련된 곳입니다. 그런데 이 세상에서 사는 동안 마귀에게 미혹되어 하나님을 거역하고 마귀를 섬긴 사람들은 사후에 마귀를 따라 마귀와 그의 종들을 위해서 예비된 영원한 불못에 들어가는 것입니다(마 25:41).

어린시절 친구들과 함께 개울과 산과 들로 다니며 가재도 잡고 산에서 나는 각종 열매들도 따먹고 나물도 캐며 놀았습니다. 개울가에서 소꿉놀이 할 때에는 돌과 바위를 쌓아서 오두막집을 만들기도 했는데, 우리가 바위를 굴려 옮기는 순간 바위 밑에 살고 있던 각종 벌레들이 갑작스레 비친 빛을 피하느라 갈팡질팡하며 서둘러 어두운 곳을 찾아 기어 들어가는 것을 보곤 했습니다. 그 벌레들은 바위 밑 컴컴한 곳에서만 살았기 때문에 빛을 견딜 수 없었던 것입니다.

미국의 어느 소녀가 쓴 간증을 읽은 적이 있습니다.

> 그 소녀는 교회를 다니고 있었지만 천국이나 지옥이 있다는 것을 믿지 않았다고 합니다. 그런데 어느날 갑자기 교

통 사고로 죽어서 사흘 동안 병원에 시체로 누워 있었고, 그녀의 영혼은 몸을 빠져 나와 두 천사와 함께 천국 문 앞으로 갔다고 합니다. 그런데 천국 문에서 새어 나오는 빛이 얼마나 강렬한지 견딜 수가 없어서 천사들에게 자기를 빛이 없는 곳으로 보내 달라고 간청했다고 합니다.

이 소녀의 간증은 매우 성경적입니다. 천국은 하나님의 보좌에서 나오는 찬란한 빛으로 가득한 곳입니다. 그래서 천국에는 해가 없습니다(계 22:5). 이 세상에서 어둠에 속해 있던 사람들은 이미 지옥의 심판 아래 있던 자들입니다. 그러니 하나님께서 천사들을 보내어 그 영혼을 천국으로 데려가려 해도 천국의 빛을 견딜 수 없어서 스스로 거부하게 되는 것입니다.

하나님께서는 오직 순수한 사랑으로 우리를 창조하셨고 우리에게 구원을 베푸셨습니다. 우리는 이렇게 놀라운 사랑을 받은 존귀한 존재입니다.

우리를 향하신 하늘 아버지의 궁극적인 뜻은 우리가 그리스도 안에서 성부, 성자, 성령 하나님과 한 가족이 되는 것입니다. 우리뿐 아니라 종말에는 이 땅이 새롭게 되고 하늘과 땅은 하나가 될 것입니다. 이것이 바로 태초부터 꿈꾸어 오신 우리 하나님 아버지와 아들 예수 그리스도의 소원입니다.

흙으로 지음 받은 우리에게 이것은 얼마나 영광스러운 일인지 가히 상상하기 어려운 행복입니다.

하나님께서 우리에게 바라시는 것은 오직 우리가 그 은혜를 값없이 받아 누리며 항상 그 은혜를 기억하는 것입니다. 환란이나 핍박이나 어떤 힘든 상황에서도 우리를 향한 하나님의 선하신 뜻이 있음을 믿고, 우리 하늘 아버지께 감사와 찬양과 영광을 올려드리는 것입니다.

에필로그

　우리 속담에 "부뚜막의 소금도 넣어야 짜다", "구슬이 서 말이라도 꿰어야 보배다"라는 말이 있습니다. 그와 비슷한 의미의 말들을 더 만들어 보자면, "식탁 위에 쌓인 영양제도 먹어야 도움이 된다", 또 "재물을 많이 소유하고 있는 사람이 부자가 아니라 그것을 풀어서 잘 쓸 줄을 아는 사람이 부자다"라고 표현해 볼 수 있겠습니다.

　이것들이 의미하는 것은 '아무리 좋은 것을 가지고 있어도 그것을 잘 활용하지 않으면 아무런 가치가 없다'는 뜻이라고 생각합니다.

　같은 원리로서 '성경 말씀에 대한 지식도 단지 머리로 아는 것으로는 우리 영혼에 별로 유익이 없습니다. 그 지식이 머리에서 가슴으로 또 우리 삶을 통과해 나올 때에 진실로 가치가 있다'고 생각합니다.

진리를 알고만 있고 행함이 없으면 그것은 우리 자신에게 유익이 되기보다 오히려 바리새인처럼 교만해지기 쉽습니다. 그러므로 우리가 말씀을 읽고 묵상하는 것은 지식을 쌓기 위해서가 아니라 예수님처럼 말씀이 육신이 되는 삶을 살기 위한 것이어야 할 것입니다.

선교지에 있었던 여러 해 동안 저는 제자들을 가르치기 위해 성경을 열심히 읽고 연구하였지만 그것을 머리로 아는 것에 만족했습니다. 단지 지식으로 알고 있는 것을 스스로 믿고 있다고 착각하고 있었습니다. 하나님의 은혜로 이 문제를 처음 자각했을 때, 그것은 매우 큰 충격이었습니다.

그 무렵, 나이 50세가 되면서 종종 근원을 알 수 없는 불안감이 나를 찾아오곤 했었습니다. 당시에는 꿈이나 음성을 통해 하나님을 경험하는 일들이 희귀했고, 오히려 가끔 황당한 꿈을 꾸고 자다가 너무 놀라서 벌떡 깨어나는 일들이 일어났습니다.

예를 들어, 다른 나라로 여행하기 위해 시간 맞추어 공항에 나왔는데, 공항직원 앞으로 티케팅하러 가서야 아뿔싸, 여권을 집에 두고 온 것을 알게 된다든지, 또는 언어도 다르고 아는 사람도 전혀 없는 낯선 곳에 혼자 남겨지는 일과 같은 소름끼치는 상황들이 잊을 만하면 꿈속에서 일어나곤 했습니다.

저는 뭔지는 모르겠지만 제 삶에 문제가 있다고 직감하고 주님께 무엇이 문제인지 알게 해 달라고 기도하기 시작했습니다. 그때 제 속에 어떤 생각이 들어왔습니다.

'어느새 나이가 50이 되었는데 앞으로의 날들은 더 빠르게 지나가겠지?

지금까지 살아오듯 시간은 덧없이 흐르고, 어느날 갑자기 인생의 마지막 순간이 나에게도 불현듯 다가올 것이다.

그런데 그때 그 마지막 순간에 이르러서야, 아이고, 내가 그동안 세상을 잘못 살아왔구나라고 깨닫게 되면 얼마나 황당할까?'

생각이 여기에 미치자 너무 두려웠습니다.

'나는 하나님을 잘 믿고 있는데 왜 내게 이런 끔찍한 생각이 들까?

내 믿음은 다 어디로 간거야?

내 속에 있어야 할 하나님을 향한 사랑과 감사와 기쁨과 평강은 다 어디로 갔지?'

그때 제 속에서 발견된 것은 원망, 불안, 염려, 판단, 섭섭함, 미움등 부정적인 감정과 생각들이었습니다. 하나님을 잘 알고 있고 믿음이 있다고 자부해 왔으나 언제부터인지 진리는 지식으로 내 머리에만 머물러 있을 뿐 마음에는 악한 열매들이 맺혀 있었습니다. 처음 사랑을 어디다 잃어버리고 지식적이고 종교적인 그리스도인으로 살고 있었던 것입니다.

그로 인해 마음의 동산은 매우 황폐해졌습니다. 육적 본성으로 악과 싸우다가 성령의 열매들을 다 잃어버리고 도리어 제 자신이 악해져 버린 것입니다.

> 네가 하나님은 한분이신 줄을 믿느냐 잘하는 도다. 아아 허탄한 사람아. 행함이 없는 믿음이 헛것인 줄을 알고자 하느냐. 영혼없는 믿음이 죽은 것 같이 행함이 없는 믿음은 죽은 것이니라 (약 2:19-20,26).

우리 그리스도인에게 있어 이 세상은 어쩌면 가상 현실과 같습니다. 천국에서 살게 될 영원이라는 시간에 비해 이 세상에서 우리의 시간은 한순간 찰라에도 미치지 못합니다. 그런데도 우리가 얼마나 어리석은지 이 세상 헛된 것들에 미련이 많습니다.

지금 이 순간에도 우리의 참 실제는 눈에 보이는 이 현실 세계가 아니라 보이지 않는 영의 세계에 있습니다. 우리는 이 땅에 발을 딛고 있지만 사실은 영원을 사는 사람들입니다. 이것이 진리입니다.

보이지 않는 세계를 보는 눈이 열려야 합니다. 거듭난 자들은 이 세계를 볼 수 있습니다. 영원을 사는 우리는 아버지의 품을 떠나 잠시 이 땅으로 소풍 나온 것입니다. 날이 저물면 곧 집으로 돌아가야 합니다. 아버지께서 언제 부르실지는 아무도 모릅니다.

그런데 소풍 나온 사실을 잊어버리고 여기가 전부인 양 땅의 일들에 목숨 걸고 살고 있다면 얼마나 어리석은 일입니까?

돌이킬 수 없는 때가 되어서야 제정신을 차리게 된다면 그야말로 그때에 이를 갈며 슬피 울게 될 것입니다. 주 안에서 사랑하는 형제와 자매 여러분에게 결코 이런 일이 일어나지 않기를 소망합니다.

감사의 글

사랑하는 우종하 집사님에게 감사한다. 이 원고의 초고를 마칠 무렵 오른팔에 심한 통증이 시작되어 작업을 중단해야만 했었다. 그런데 편집에 재능이 있는 그녀가 바쁜데도 불구하고 기꺼이 시간을 내어 나의 손이 되어 주었다. 그녀의 수고가 없었다면 이 책의 출판은 기약 없이 미루어졌을 것이다.

차성목 담임목사님에게 감사한다. 입장에 약간의 차이가 있음에도 불구하고 겸손하게 마음을 열고 여러 번 원고를 읽어 주셨다. 처음 그분의 태도를 보고 사실 이 책을 집필할 용기를 내게 되었다. 나의 사랑하는 니카라과의 제자들이며 동역자들, Coralia, Alfredo, Melvin, Reyna, Elena 그리고 Luis에게 감사한다. 이들의 헌신적인 기도가 있었기에 어려움 중에도 힘을 낼 수 있었다.

나의 가장 큰 지지자이며 후원자인 사랑하는 남편 김영수 목사와 딸 인애, 사위 다윗 그리고 손주 이든에게 감사하며 사랑을 전한다.